रूह - ए - ख़्वाहिशें

रुचिका मेहता

notionpress.com

INDIA • SINGAPORE • MALAYSIA

ISBN
Hardcase: 979-8-89133-806-7
Paperback: 979-8-89067-825-6

अनुक्रमणिका

रूह – ए – ख़्वाहिशें

पहली बात

ये जो कही-अनकही सी ख़्वाहिशें होती हैं, उनका वज़ूद बहुत हिम्मत वाला होता है। किसे पता होता है उनकी क़ीमत का? हम बड़े-बड़े ख़्वाब देखते हैं, उन्हें पूरा करने की ख़्वाहिश रखते हैं, अब वो चाहे प्यार पाने की हो, अपने प्यार के लिए त्याग करने की हो, उसके लिए सब कुछ कर जाने की हों, अपने लिए कुछ करने की, कुछ बनने की या अपने परिवार के लिए प्यार जताने की हो, पर हमें इनकी क़ीमत कोई नहीं बताता।

हमने अक्सर लोगों से ये कहते सुना है कि कुछ पाने के लिए कुछ खोना पड़ता है, पर कितना पाना है कितना खो कर, वाली क़ीमत हर इंसान के लिए अलग-अलग होती है। यहाँ तक कि अगर दो लोगों की ख़्वाहिशें एक जैसी भी हों, तो भी उनका मूल्य अलग-अलग होता है।

मेरी ये किताब जिसका शीर्षक "रूह-ए-ख़्वाहिशें" है, इसमें मैंने ज़िन्दगी के कुछ ख़ास पलों को समझ कर उन्हें कविताओं का रूप देने का प्रयास किया है, अपने साथ बीते कुछ लम्हों से सीख कर आप सबके लिए कुछ ख़ास लिखने की कोशिश की है।

इस प्यारी सी उम्मीद के साथ कि ये किताब आपको पसंद आएगी और आपकी ज़िन्दगी का अहम हिस्सा बनेगी।

जिस तरह आप सबकी कुछ छोटी, कुछ बड़ी, कही-अनकही सी ख़्वाहिशें हैं, पलकों पर रखे कुछ ख़्वाब हैं, मुझे आशा है कि आप उन्हें पूरा करने का दिन-रात प्रयास करते होंगे।

"रूह - ए - ख़्वाहिशें" लिखने की ख़ूबसूरत यात्रा में मैं अपने दिल के क़रीबी अपनों का शुक्रिया अदा करती हूँ।

यूँ तो मैं जो चाहे बन जाऊँ, उतना हौंसला रखती हूँ,
पर बिना आपके एक कदम क्या, एक दम भी नहीं भरती हूँ,
ये कुछ क़रीबी इतने क़रीब हैं मेरे,
ये ना हों तो जीने की ख़्वाहिश भी मद्धम रखती हूँ,
यूँ तो मैं जो चाहे बन जाऊँ, उतना हौंसला रखती हूँ।।

अपने माँ-पापा का (डॉक्टर विरेंद्र मैहता और श्रीमती इंदू मैहता), जिन्होंने मेरी ख़्वाहिशें पूरी करने के लिए अपनी ज़िन्दगी के सारे ख़्वाब ख़रच कर दिए, जिन्होंने मुझे इस मुक़ाम पर पहुँचाने के लिए जमीं-आसमाँ एक कर दिए।।

दिल करता है,
रख दूँ ये जहाँ उनके कदमों में,
छूँ लूँ ये गगन उनकी ख़्वाहिशों को मान देने के लिए,
जिनकी हर अरदास और मन्नत का हिस्सा हूँ मैं,
मेरी पहली पहचान हैं जो,
उनकी ज़िंदगी, उनकी कहानी हूँ और क़िस्सा भी हूँ मैं।।

मेरे बहन-भाई की शुक्रगुज़ार (कृतिका और अभिषेक मैहता), जिन्होंने मुझे बड़ी बहन होने के बावजूद भी छोटी बहन की तरह लाड़-दुलार दिया और हमेशा मेरे साथ खड़े रहे।

मेरे जीजाजी (अक्षय पंघाल), जिन्होंने बहुत थोड़े से समय में अपनी वो जगह बना दी कि वो मेरे परिवार का एक अभिन्न अंग बन गए और हर कदम पर साथ दिया।

और सबसे ख़ास, जिगर के पास, मेरा प्यार, मेरा भांजा, (रुद्राक्ष पंघाल) जो है तो कुछ महीनों का, पर उसने ज़िंदगी में जगह और दिल में ऐसे घर बना लिया, जैसे जन्मों से हम साथ रहते हों। उसके बारे में लिखते-लिखते दिल बोल रहा है कि शब्द कैसे ब्यान करेंगे मासूमियत उसकी, चल छोड़ किसी और दिन ज़िक्र करेंगे शरारतों का, उसकी नन्ही आहटों का

मैं उम्मीद करती हूँ कि "रूह - ए - ख़्वाहिशें" जैसे मेरे दिल के क़रीब है, आप भी इसे अपने दिल में थोड़ी सी जगह ज़रूर देंगे।

एक उम्मीद आप सब से,

आप सभी को मेरा प्यार और सम्मान, बिल्कुल वैसे ही जैसे चाँद सूरज की इज़्ज़त करता है।

जैसे चाँद सूरज को और सूरज चाँद को अपनी तमाम जगह और सम्मान देते हैं कि दोनों अपना वज़ूद और अस्तित्व दुनिया में रख पाएँ, बिल्कुल वैसे ही इस उम्मीद के साथ कि आप मेरे लिखे शब्दों में ख़ुद को खोज़ पाएँ और ज़्यादा की उम्मीद ना करते हुए, जो मैंने लिखा इस क़िताब में, बस वो आपको मन भाए।।

वैसे आप सब प्यार से मुझे "रूह" बुला सकते हैं, अक्सर मेरे अपने इसी नाम से बुलाते हैं, तो यह हक़ आपको भी है अगर आप मुझे अपने मानते हैं।।

भावनाओं की कशमकश में जाने से पहले एक और बात कहूँ, अगर तुमने ख़ुद के लिए कुछ नहीं किया तो ये उम्मीद छोड़ देना कि कोई और तुम्हारे हिस्से की ख़्वाहिशों के लिए लड़ेगा। तुम्हें ख़ुद उठना पड़ेगा, चलना पड़ेगा और गिरोगे तो फिर उठ कर भागना पड़ेगा, पर जो भी है, करना सब तुम्हें ख़ुद पड़ेगा।।

आज जिस दिन ये मैं लिख रही हूँ, ये मेरी ज़िंदगी की सबसे बड़ी सीख है, तो सोचा शब्दों की आकृति बना दूँ, शायद किसी के काम आ जाए।।

1. रूह - ए - ख़्वाहिशें

तुम ख़ुद के लिए कुछ ख़्वाब देखो,
बड़े-बड़े ख़्वाब,
कुछ ख़्वाहिशें रखो,
आसमाँ को छूने जैसी,
क्यूँकि ये आसमाँ और धरा,
किसी एक का नहीं है,
इस पर सबका बराबर का हक़ है।

हौंसले बड़े करो,
उड़ो तुम इस जहाँ में,
अपनी चाँद सी ख़्वाहिशें लेकर,
उठो, रोज़ सुबह हिम्मत से,
सूरज को आँख दिखाओ,
और चलते जाओ,
क्यूँकि ये आसमाँ और धरा,
किसी एक का नहीं है,
इस पर सबका बराबर का हक़ है।

क़ाबिलियत बेशुमार है तुममें,
और फिर अगर तुम्हें ख़ुद पर ज़रा सा भी शक है,
तो देखो ख़ुद को आइने में,
अपनी नज़रों से नज़रें मिला के कहो,
ख़ुद को गले से लगा के कहो,
मुस्कुरा कर कहो,
हाँ, थोड़ा वक़्त ज़्यादा लगेगा,
पर, ये आसमाँ और धरा,
किसी एक का नहीं है,
इस पर सबका बराबर का हक़ है।

ग़र पड़ जाओ तुम कमज़ोर कहीं,
दिखे ना रास्ता कहीं,
ले लेना थोड़ा वक़्त ख़ुद के लिए,
ख़ुद को समझना और समझाना,
अपनी राह का निर्माण ख़ुद करना,
बनी हुई राहों पर तो राही चला करते हैं,
जो निर्माण करते हैं अपनी राह का,
वो इतिहास रचा करते हैं,
और फ़िर ये आसमाँ और धरा,
किसी एक का नहीं है,
इस पर सबका बराबर का हक़ है।

2. चाँद की चाहत

एक बचपन का ज़माना था,
चाहत चाँद तक जाने की,
कागज़ से क़श्ती बनाने की,
हँसते हँसते सब कह जाने की,
इन अदाओं का हर कोई दीवाना था,
एक बचपन का ज़माना था।

किसी से ना आदत डरने की,
एक सीख सबके लिए अच्छा करने की,
कोशिश सबको साथ ले के चलने की,
ना ये तेरा है, ये मेरा है करने की,
थकना, खेलना और परियों का फ़साना था,
वो भी क्या ज़माना था।

ख़बर ना सुबहा की,
ना शाम का ठिकाना था,
बस हँसना और घर पे सब को हँसाना था,
ना चिन्ता की वज़ह, ना रोने का बहाना था,
क्यूँकि मैं बस मेरे पापा का दीवाना था,
वो भी क्या बचपन का ज़माना था।।

3. मेरा गुरूर

एक अक्स सा दिखता है,
एक ही शख़्स सा दिखता है,
जहाँ जाती हूँ,
लोग मुझमें आपको देखतें हैं,
आपकी पहचान बताते हैं,
तुम पापा जैसी दिखती हो,
वैसे ही बात करती हो,
वैसे ही इज़्ज़त करती हो,
तुम्हारे अल्फ़ाज़ों में उनकी झलक है,
गुरूर में उनका नूर है,
तुम्हारे व्यक्तित्व का कुछ वही सुरूर है,
पर ये वक़्त कैसे बदलता है,
एक पिता ही है जो इस तरह ज़ीता है कि ना होकर भी अपने बच्चों
में ज़िंदा रहता है॥
और ख़ुदा भी देखो कैसे खेल खेलता है,
कैसी तक़दीरें लिखता है,
वैसे भी क़ोई फ़रक नहीं पड़ता उसके इरादों से,
मुझमें तो बस एक अक्स दिखता है,
अब एक ही शख़्स दिखता है।

हँसते रहते हो "मैहता ज़ी" क्या बात है?
बस कुछ ख़ास नहीं, बच्चों की स्कूल फ़ीस देकर आया हूँ,
अगले साल कॉलेज शुरू हो जाएँगे॥

4. शोर की ख़ामोशी

क़भी हँसी, क़भी ख़ामोश होते हो,
मेरे पास ना होकर भी पास होते हो,
यादों की पुरानी सी गलियों में,
आपकी किताबों में,
उन पीले काग़ज़ों में,
एक लम्हे की तरह अटके हुए,
मेरा हाथ पकड़ के धीरे से मेरे स्कूल की और बढ़ते हुए,
बड़े होकर वो बनना, जो चाहते हो, समझाते हुए,
अब बड़ी हो गई,
हाथ धीरे धीरे छूट गया,
पापा, आज भी मेरी हर आस-उम्मीद और अल्फ़ाज़ में होते हो,
क़भी शोर तो क़भी एहसास होते हो,
मेरे पास ना होकर भी पास होते हो।।

5. सच्चा प्यार

यार ये सच्चा प्यार मुश्किल है,
कहाँ मिलता है?
कैसा होता है?
कौन से रंग का है?
क्या वज़ूद है?

ख़ैर छोड़ो, चलो सौदेबाज़ी ही कर लेते हैं,
एक दूसरे की शर्तों पर,
कुछ तुम्हारी, कुछ मेरी,
तुम खाना बनाना,
मैं कमा कर लाऊँगा,
तुम कपड़े धोना,
मैं बाहर जाऊँगा,
अगर तुमने मुझे रुलाया,
तो मैं तुम्हें रूलाऊँगा,
शर्तें रखते हैं ना यार,
क्या पता कौन से रंग का है ये प्यार,
मतलब के रंग चढ़ाते हैं,
एक दूसरे का दिल दुखाते हैं,
बराबर-बराबर का राग गाते, तबाह हो जाते हैं,

और प्यार ये सुनकर हार गया।।
और लोग रोते हैं, मेरा प्यार सच्चा था और अगले कुछ ही महीनों में
ये सौदेबाज़ी दोबारा, पर किसी और के साथ.. फिर एक बार.. और फिर
एक बार और।।

))) ☾ 🌑 🌒 (((

6. ये कल-कल बहता पानी

ये कल-कल बहता पानी,
क्यों सब कुछ जान के भी बेबस सा लगता है.
जज़्बात कल के और आज के,
याद हैं इसे ज़ुबानी,
ये कल-कल बहता पानी।

ये दरिया का हो या आँखों का,
इसे सबकी पता है कहानी,
ये कल-कल बहता पानी।

ना जाने कितने इसके किनारे गए,
कुछ डूब गए और कुछ तारे गए,
इसे याद है सबकी कुर्बानी,
ये कल-कल बहता पानी।

ख़ुशियाँ और ग़म दोनो की आवाज़ पता है,
इसे वक़्त का आग़ाज़ पता है.
सबकी सुनता ये अंतरबानी,
ये कल-कल बहता पानी।

कुछ तुम्हें दे कर, कुछ ले लेता है.
राज़ सारे अपने अंदर रख लेता है,
सब कुछ समेट लेता है
इसे एहसान कहो या मेहरबानी,
ये कल-कल बहता पानी।

वक़्त का इसे अन्दाज़ पता है,
कैसा मरहम चाहिए इंसान को, इसे पता है,
इसे पता है सबका बचपन, बुढ़ापा और जवानी,
ये कल-कल बहता पानी।

मेरा भी कुछ इसके पास है,
पूछने पर कभी चुप हो जाता है,
कभी शोर मचाता है,
मुझे वापिस ही नहीं देता मेरी निशानी,
ये कल-कल बहता पानी।।

7. तारों की नुमाईश

हर पल मुझे छाँव में रखकर, आप धूप में जलते रहे,
आज सूरज खुद सीधा मूँह पे आता है,
सवाल करता है, मैं जवाब दे देती हूँ,
चुप रहना मुझे आता नहीं,
पापा, झुकना आपने मुझे सिखाया नहीं।

मंज़िलो से भी गुमराह कर देते हैं यहाँ लोग,
अब इनसे रास्ता नहीं पूछना मुझे,
वो ख़ुदा जो मेरी नज़र में ग़लत-ठीक का फ़रक भूल गया है,
आग सा जलाता है मुझे,
वो ये भूल गया, कौन हूँ मैं,
"दीप सा नहीं जलना मुझे,
सूरज सा नहीं ढलना मुझे,
इस आत्मा में अंकित है परमात्मा,
खुद मेरी राह का निर्माण करना मुझे"।

अब हर रोज़ तारों की नुमाईश में ख़लल पड़ेगा,
जब तक मेरी राह का निर्माण नहीं हो जाता।।

))☽)☾☽☽((

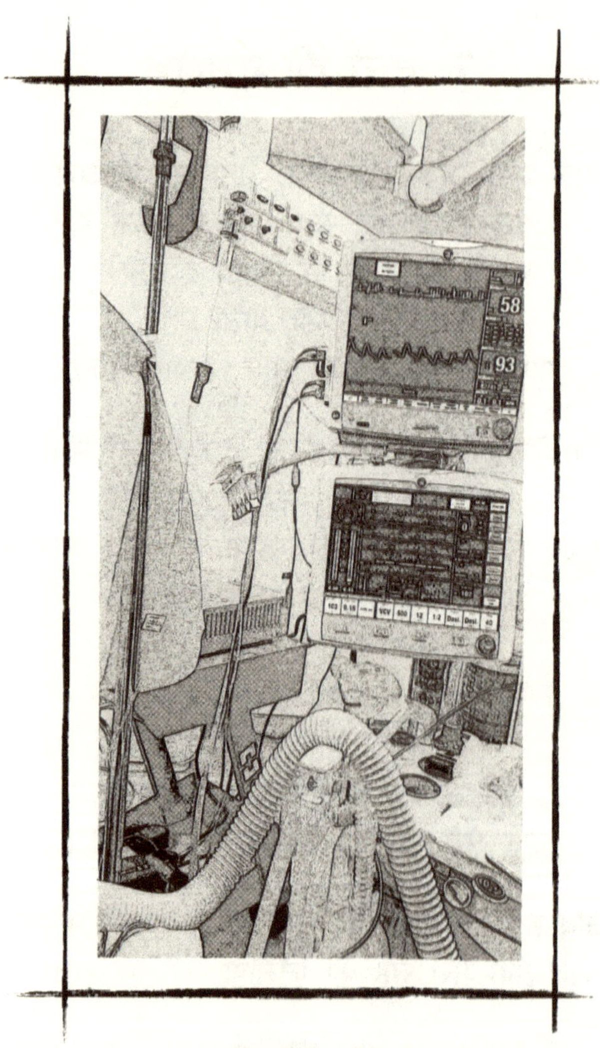

8. दिल का दर्द

मन भारी कैसे होता है, ये अब समझ आया,
दिल का दर्द क्या होता है, ये अब समझ आया,
कुछ मुश्किल हो तो लगता है, आप आसान कर दोगे,
कुछ आसान हुआ तो लगा, आपने ही कर दिया,
आज फिर दिल दुखा, बहुत, बहुत आप याद आए,
एहसास इतना हुआ, के आँसू रुक ना पाए,
फिर उन्ही जगहों पे,
फिर उन सड़कों पे,
वही वेंटिलेटर की आवाज़ें,
वही रुकी रुकी सी धड़कने,
वही मन भारी,
हर पल आपका ख़्याल आया,
फिर कुछ टूटा मुझमें,
फिर मैंने सब समेटा,
और फिर उन्ही रास्तों से, उस तरह गुज़र गई,
कुछ आँसू, कुछ यादें, कुछ अनकही बातें,
इतनी जल्दी जाना ज़रूरी था क्या, पापा?
पर जल्दी मिलेंगे सब ख्वाहिशें पूरी करेंगे।।

9. कुछ जाता है क्या?

चलो आज एक बात का ज़वाब दे दो,
अगर सबको इज़्ज़त दोगे,
अगर सबसे प्यार से बात कर लोगे,
लोगों को एहसास दिलायोगे के,
इंसानियत आज़ भी ज़िंदा है,
तो कुछ जाता है क्या तुम्हारा?

और ये बताओ के सुन लोगे ग़र उनके ग़म तुम,
हँस लोगे उनकी ख़ुशी में,
विश्वास दिलाओ के तुम सच में,
ख़ुश हो उनकी ख़ुशी में,
तसल्ली दोगे ये कहकर के,
साथ हूँ तेरे, तू बस चल
तो कुछ जाता है क्या तुम्हारा?

माना क़ाबिल हो तुम लोगों से ज़्यादा,
अपने हर पल की क़ीमत बताते हो,
ख़ुशियाँ हों या ग़म,
ख़ुद को व्यस्त बताते हो,
क्यों नहीं साथ रहते एक दूसरे के,
कुछ जाता है क्या तुम्हारा?

गुरूर है तुममें, मान जाओ,
जो आज है वो कल ना होगा,
तुम उनकी जगह वो तुम्हारी जगह होगा,
बंद करो तेरा मेरा, जो करोगे वही पाओगे,
प्यार दोगे, सम्मान दोगे,
तो कुछ जाएगा नहीं तुम्हारा।
सब कुछ कई गुना होकर लौट आएगा।।

10. मेरी पहचान

मेरी पहचान है आपसे, मेरा मान हो आप,
मेरी ज़िंदगी है आपसे, ज़ीने की उम्मीद हो आप,
मेरी हँसी है आपसे, सपने देखने की वज़ह हो आप,
ये धरती तो सिर्फ़ रहने के लिए है, पापा
मेरा अस्तित्व है आपसे, मेरा आसमाँ हो आप।

मेरी ख़ुशियाँ हैं आपसे, मेरा जहाँ हो आप,
मेरी बंदगी है आपसे, एक विश्वास हो आप,
मेरा आज़ है आपसे, मेरा कल हो आप,
ये बची हुई साँसे सिर्फ़ फ़र्ज़ निभाने के लिए हैं,
मुझमें प्यार है आपका, मेरे संस्कार हो आप।।

11. तूँ ख़ुद का साथ दे

यार फ़क़ीरा मंज़िल तेरी,
हर राह तूने चलना अकेला,
तूँ ख़ुद तेरा आसमाँ,
बस उड़ जा पँख फैला।

वक़्त-वक़्त की बात है,
बुरा है आज ग़र,
हिम्मत ना तूँ हार पर,
जब तेरा ज़माना आएगा,
सितारे की तरह तूँ जगमगाएगा।

ये ज़मानो की भीड़,
परवानों के साथ नहीं चला करती,
तूँ रह मुग्ध अपनी ही धुन,
ख़ुद की हर ख़्वाहिश तूँ बुन,
ख़्वाहिशें यूँ ही नहीं जला करती।

तूँ ख़ुद का साथ दे,
लोगों से लगाई नाजायज़ उम्मीदें बिसार दे,
बुरी हर तलब त्याग दे,
इन मुख़्तलिफ़ रास्तों पर चलना है तुझे,
तूँ बस ख़ुद का साथ दे।

12. मेरी ज़िद

ग्रह बदलें या क़ाल,
या बदलें सारी दिशाएँ,
किसकी हिम्मत है, जो आ कर मेरी ज़िद से टकराए?

बादल गरजें, बिजली तिलमिलाए,
घन-घोर बारिशें या तूफ़ाँ उफ़ान लाएँ,
किसकी हिम्मत है, जो आ कर मेरी ज़िद से टकराए?

जैसी भी हो अब मेरी ख़ैरियत,
मतलबी ज़माने की पूछी हुई कैफ़ियत,
ना मेरे इरादे डगमगाए,
किसकी हिम्मत है, जो आ कर मेरी ज़िद से टकराए?

ये जो दोहरे चेहरे लगाए घूमते हैं,
इनकी औक़ात ना कल थी, ना आज़ है,
इनके लिए ना बदलना कोई साज़ है,
चलो जितनी चालें तुम्हारे दिमाग़ में आएँ,
किसकी हिम्मत है, जो आ कर मेरी ज़िद से टकराए?

13. फिर मिलेंगे

फिर मिलेंगे हम उस दिन,
जिस दिन के बाद कभी दूर नहीं जाना होगा,
जिस दिन न कोई झूठ होगा,
न दर्द होगा,
न कोई समाज का बंधन,
जिस दिन न चिंता होगी कि लोग क्या कहेंगे,
कितने likes, कितने followers, कितने posts कुछ नहीं होगा,
कितने branded कपड़े पहने,
ना classy घर, ना so-called ग़हनें,
झूठी तारीफ़ो के क्या पुल बाँधे,
वाह-वाह तेरे क्या कहने,
तुम कम, मैं ज्यादा,
ये मैंने नहीं किया,
वो तुमने नहीं निभाया वादा,
नहीं यार,
अब तब मिलेंगे,
जब तुम मेरे होगे और मैं तुम्हारी,
न कोई बहाना होगा,
बराबरी का दर्ज़ा,
और सिर्फ़ प्यार ज़ताना होगा,
जिस दिन राधाकृष्ण सा हमारा अफसाना होगा,
छोटी-छोटी बातों पर रूठना मनाना होगा,
फिर मिलेंगे हम उस दिन,
जिस दिन के बाद कभी दूर नहीं जाना होगा।
कभी भी नहीं।।

14. एक एहसास

पापा, वो जो आसमान से बड़े होते हैं,
दिल के सबसे करीब होते हैं,
मुश्किलों में साथ होते हैं,
हर सपने को पूरा करने के लिए समर्पित होते हैं।

उनके सीने की धड़कन हूँ मैं,
मुस्कुराते हुए बचपन का सपना हूँ मैं,
खुशियों की तिज़ोरी, ज़िंदगी का सहारा हूँ मैं,
पापा जो हर हाल में खड़े हैं मेरे साथ,
उनके सफ़र का किनारा हूँ मैं।

पापा की आँखों में जब देखता हूँ मैं,
सबकुछ भूल जाता हूँ मैं,
दुनिया की भीड़ में जब मेरे पापा का हाथ थामता हूँ मैं,
सुकून का एहसास मिलता है मुझे उनसे,
और उनसे मिलता हूँ मैं।

जो हमेशा मेरे सपनों के साथ होते हैं,
जो जीवन के हर पल में ख़ास होते हैं,
कुछ बोले या नहीं,
एक अनकहा एहसास होते हैं,
टूटा हो दिल तो उसकी आस होते हैं॥

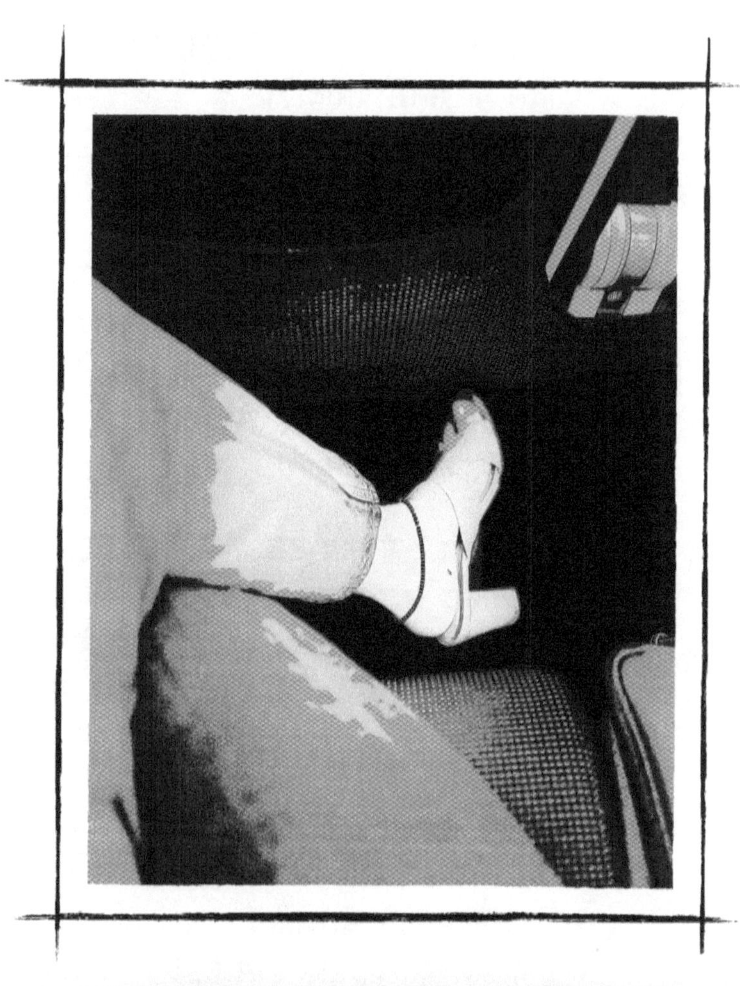

15. ख़ुद से प्यार ख़ुदगर्ज़ नहीं

अब नहीं दिल लगाना, नहीं पास आना,

अब नहीं कोई चाहिए, जो गाए इश्क़ का गाना,

अब ख़ुद से ही प्यार हो गया है मुझे,

और मेरी ख़्वाहिशों के लिए बदलेगा जमाना,

अब नहीं चाहिए, अनजान इश्क़ की गलियों में ठिकाना।

क्या करे कोई वो इश्क़,

जो दिल दुखाए,

तबाह करे और तड़पाए,

उससे तो अच्छी कामयाबी है,

जो देखे, वो कहे इन्सान कितना रूबाबी है।

ख़ुद से प्यार ग़लत नहीं,

ख़ुद का मान-सम्मान कोई ज़रूरत नहीं,

ख़ुद की ख़्वाहिश ख़ुदगर्ज़ नहीं,

ये तो हक़ है हर इन्सान का

ग़र ये बात समाज ना भी समझे,

तो मुझ पर उसकी सोच का क़र्ज़ नहीं,

ख़ुद से प्यार ख़ुदगर्ज़ नहीं।।

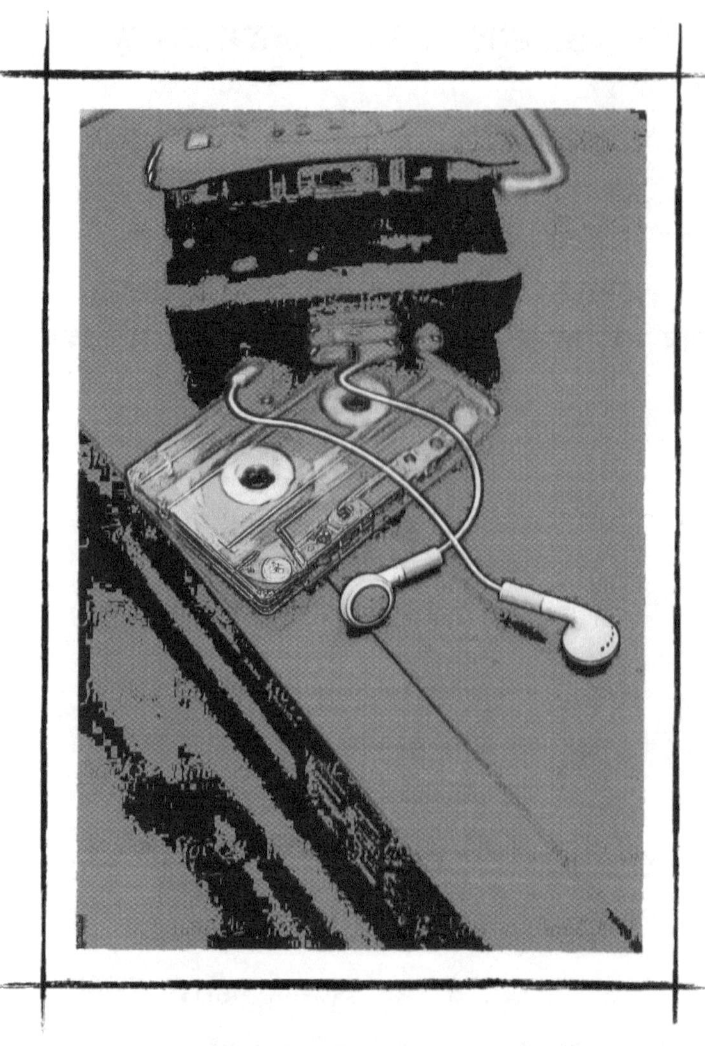

16. इश्क़

दिल में छिपी वो यादों की दास्तां,
जो मैं कर ना पाऊँ शब्दों में ब्यान,
इश्क़ का सफ़र,
एक अनोखी कहानी है या छोटा सा क़िस्सा,
तू मेरी ज़िंदगी है या ज़िंदगी का हिस्सा?

तेरे लिए दिल में घर बनाया हैं,
जबसे मिली मैं तेरे संग,
तूँ बना मेरे जीने का वजह,
तेरे बिना ज़िंदगी,
मेरी रूह, सब बेज़ान है।
तेरी यादों में हर पल रहती हूँ मैं,
तेरी बातों में खो जाती हूँ मैं।

तेरी हँसी, तेरी जुदाई, तेरी याद,
हर लम्हे में मेरे दिल का हाल बताती हैं।
तेरे नज़रों की गहराई,
तेरी तारों सी मुस्कुराहट,
और तेरे जाने पर वो तनहाई,
हर पल तुझे, मेरे जीने की वजह बनाती है।

तेरी सांसों की खुशबू, तेरी बातों का मीठापन,
हर वक़्त मुझे तेरे करीब लाती हैं,
तेरी चाहत में खो गई हूँ मैं,
कुछ इस तरह तेरी हो गई हूँ मैं,
तेरे लिए जीती हूँ,
तेरे बिना जी नहीं पाती हूँ।

समझ नहीं आता,
इश्क़ का सफ़र,
एक अनोखी कहानी है या छोटा सा क़िस्सा,
तू मेरी ज़िंदगी है या ज़िंदगी का हिस्सा?

17. हाल - ए - दिल

आज फिर से उसकी याद सताती है,
दिल में उसका नाम बसा के रखा है,
कुछ यूँ छुपा के रखा है,
क्या करूँ अब मुलाकात नहीं होती,
दिल की सारी बातें सुना के रखा है।

दिल तोड़ के उसने जाने क्या किया,
रखे टुकड़े अपने पास,
या फ़ना किया,
कुछ फ़रक पड़ा,
या सब तबाह किया,
सवालों की लड़ी लग जाती है,
आज फिर से उसकी याद सताती है।

अब दिल में उसकी यादों को रखा है।
उसकी अदा, उसकी हंसी, उसकी नज़र,
उसकी हर चीज़ से अपना दिल लगा रखा है।
उसका भी यही हाल है,
या उसकी रातें हँसते हुए कट जाती हैं,
क्या करूँ,
आज फिर से उसकी याद सताती है।

उसकी ख़ुशी के लिए अपनी जान दे देंगे,

उसके बिना तो ज़िंदगी, जैसे हमें कुछ मालूम नहीं है।

उससे जुदा होना तो मौत से भी बड़ा होगा,

उसको अपनी साँसों में जो बसा के रखा है,

ये हाल सिर्फ़ मेरा है,

या ये ज़िंदगानी उसे भी आज़माती है,

कैसे रहूँ, कैसे कहूँ,

आज फिर से उसकी याद सताती है।।

18. तुम और मैं

चलो वहाँ जहां प्यार हो,
जिस जहां में बचपन की रानाइयां हो,
जहाँ शमा के लिए चिराग सब रखें,
जहां अपने से लोग हों।

चलो उस तरफ जहां परछाईयां हों,
बेचैन नदियां हों, आहटें हों,
दिल को सुकून हो,
जहां दर्द का नाम-ओ-निशान न हो,
जहां ज़िन्दगी का अफ़साना हो।

चलो उस तरफ जहां अधरों पे हंसी हो,
जहां बारिश की बूंदें हो,
हमने अपने रास्ते ख़ुद ढूँढे हों,
जहां बेखुदी की धुंध नहीं,
जहां तुम हो और मैं हूँ,
और इस प्यार में खोए हम।।

19. मैं अलग हूँ

होगा सब तुम्हारे पास,
देखी होंगी तुमने कई खुशियाँ एक साथ,
पर तुम्हारे दिल का वो एहसास,
वो मैं हूँ,
मैं अलग हूँ।

गुज़ारे होंगे तुमने खुश होकर कई साल,
कई महीने, कई दिन, कई रात,
पर उन सबकी वजह एक सुकून है दिल का,
वो मैं हूँ,
मैं अलग हूँ।

अब तक सब खरीदा होगा तुमने,
हर ख़्वाहिश पूरी हुई होगी,
पर जो तुम खरीद नहीं सके और कहीं बिक नहीं सका,
वो मैं हूँ,
मैं अलग हूँ।

पाया होगा तुमने सब हँसकर,
मिला होगा तुम्हें सब एक इशारे पर,
पर जो मंदिर में मन्नत,
और गुरुद्वारे में अरदास से मिले,
वो मैं हूँ,
मैं अलग हूँ।

और सच बताऊँ तो हर इंसान अलग है।।

20. प्यार क्या है?

कभी साथ रहना प्यार है,
कभी जुदाई भी प्यार है।

कभी-कभी बात करना प्यार है,
कभी बात न करना भी प्यार है।

कभी याद करना प्यार है,
कभी भूल जाना भी प्यार है।

कभी उसे मनाना प्यार है,
कभी-कभी उससे रूठ जाना भी प्यार है।

कभी-कभी अकेले में रोना प्यार है,
कभी कभी बहुत हँसना भी प्यार है।

कभी-कभी खामोशी प्यार है,
कभी गुस्से में सब चिल्ला देना भी प्यार है।

कभी नफ़रत प्यार है,
कभी-कभी उस नफ़रत में आँसू भी प्यार है।

कभी सच बोलना प्यार है,
तो कभी उसके लिए ही झूठ बोलना भी प्यार है।

कभी इज़हार करना प्यार है,
कभी ये कह देना कि नहीं करते तुमसे प्यार,
कह के उसकी ख़ुशी के लिए ही, उसका त्याग कर देना भी प्यार है।।

21. एक पिता की दुआ

लोगों का वक़्त आता है, तेरा ज़माना आएगा,
मुझे जानती है, मेरे साथ पढ़ती थी,
मैं इसके लिए एक बार खाना लाया था,
मैं स्कूल में इसे बहुत चिढ़ाता था,
ये सब सुनने की आदत डाल ले,
पुराना सब बिसार दे, सबका प्यार नये रंग चढ़ाएगा,
लोगों का वक़्त आता है, तेरा ज़माना आएगा।

आज़ के आंसूँ ख़ुद पर ना भारी पड़ने दे,
मन को मज़बूत कर, मोम ना बनने दे,
आज मज़ाक बनाते हैं,
हँस हँस कर पीठ पे वार कर जाते हैं,
तू हर बार उठती रह,
तेरी तरक़्क़ियाँ इतिहास बताएगा,
लोगों का वक़्त आता है, तेरा ज़माना आएगा।

जब सताए धूप बहुत,
थक जाए, ग़र पड़ जाये तूँ कमज़ोर कभी,
समझ ना आए ग़लत सही,
याद करना मुझे तभी,

मेरी दुआ, मेरा आशीर्वाद ना ख़ाली जाएगा,
लोगों का वक़्त आता है, तेरा ज़माना आएगा।।

22. मैं ठीक हूँ

कितनी बार मन मार कर नींद से उठना पड़ता है,
कितनी बार बाहर जाना,
दोस्तों के साथ घूमना छोड़ना पड़ता है,
कितनी बार खुशियों के पल छोड़ने पड़ते हैं,
कितनी बार तिनका तिनका मरना पड़ता है,
तब जाकर कहीं ख़्वाब पूरे होते हैं।

पूरा आसमाँ पाने की जो ख़्वाहिश रखी है,
उस ऊपर-वाले ने भी इम्तिहानों की लड़ी रखी है,
इस जहाँ से लड़ना,
हर दिन आग की तरह जलना,
आसान थोड़े ही है,
कितनी बार उठना, गिरना और फिर उठना पड़ता है,
तब जाकर कहीं ख़्वाब पूरे होते हैं।

कितनी बार आँसू छुपा देना,
ग़म दबाकर हँसी बना लेना,
मैं ठीक हूँ, बोलकर अपना मन बहला लेना,
घर ज़ल्दी आऊँगा, ये रोज़ बता देना,
एक ही जीवन में कितनी बार जीना और मरना पड़ता है,
तब जाकर कहीं ख़्वाब पूरे होते हैं।।

23. माँ

जन्म से पहले आप मेरे जीवन में आए,
मेरी जिंदगी में खुशियों की बहार लाए,
मेरी हर खुशी में आप हो,
मेरी हर मुश्किल में आप हो,
जब भी मैं दुखी होता हूँ,
मेरे दुख दूर करने की डोर आप हो।

जब भी मैं अकेला होता हूँ,
आप मेरे साथ होते हो,
मेरे हर सपने में माँ आप हो,
मेरी हर उम्मीद में आप हो,
सच कहूँ तो आप मेरा ईमान हो,
मेरी माँ, मेरी जान हो।

आप की वजह से मैं जीता हूँ, जीतता हूँ।
जब भी मैं भूल जाता हूँ सही राह,
आप मुझे दिखाते हो रास्ता,
आपकी वजह से ही मैं एक अच्छा इंसान हूँ,
मेरी माँ, मेरी जान हो।

माँ शब्द से खुशी और सफलता पाता हूँ,
मंदिर में सबसे पहले आपकी जय बुलाता हूँ,
रब से माँगने से पहले आपके दर आता हूँ,
हर दुआ के लिए बहुत शुक्रिया,
कैसे कहूँ आप मेरा सम्मान हो,
मेरी माँ, मेरी जान हो।।

24. आज़ की लड़की

एक लड़की है,
शरारत से भरी आँखें,
खुले बिखरे बाल,
दिमाग़ में इतने बवाल,
हर चीज़ पर करे सवाल,
चाहे नाज़ुक सी उसकी कलाई,
कोई कुछ कह कर देखे उसे,
वहीं पर कर देगी धुलाई,
आज की लड़की है साहब,
चुप-चाप सब नहीं सहेगी,
चार दीवारों में क़ैद नहीं होगी।

वही लड़की है,
जो अपने सपनों के पीछे भागती है,
अपने परिवार की खुशियों के लिए संघर्ष करती है।
वह एक आशा का दीपक है,
जो हर जगह रोशनी फैलाती है,
ज़रूरी नहीं है,
ज़िम्मेवारी नहीं है, उसकी रोज़ खाना बनाना,
यह उसका चयन है,
खाना बनाना चुने,
या पंख फैला कर आसमाँ,
आज की लड़की है साहब,
चुप-चाप सब नहीं सहेगी,
चार दीवारों में क़ैद नहीं होगी।

वह लड़की जो अपने सपनों की उड़ान भरती है,

नई मंज़िलों की तरफ जाती है।

वह एक सोच है,

जो सबके लिए प्रेरणा है,

जो हमेशा सोचती है कि,

आख़िर तक बस अपने सपनों का पीछा करते रहना है।

वह एक वक़्त है,

जो आगे बढ़ता है,

जो स्वप्नों को साकार करे,

अपनी मनचाही राह पर चले,

आज की लड़की है साहब,

चुप-चाप सब नहीं सहेगी,

चार दीवारों में क़ैद नहीं होगी।।

25. काश आप होते

कभी कभी मन बहुत टूट जाता है,
पता नहीं चलता जो कर रही हूँ,
जो हो रहा है,
सही है या ग़लत
बस अपने ही ख़्याल में उलझे हुए,
सो जाती हूँ,
और फिर रोज़ नई सुबह होती है,
पर सोच वही पुरानी।

लोग आकर ताने मारते हैं,

कभी हार जाती हूँ,

कभी उठ जाती हूँ हिम्मत से,

कभी आँखें भर आती हैं,

तो कभी मन,

क्या करूँ,

समझ नहीं आता,

जब कुछ करने लगती हूँ,

कुछ दिन बहुत हौंसले से करती हूँ,

पर बस कुछ दिन।

और फिर हर बार की तरह,
बस एक कमी हमेशा खलती है,
और खलती रहेगी,
आप होते तो सही ग़लत बताते,
हक़ से आपको अपने दिल का हाल बताती,
कम ज़्यादा के हालात नहीं पता,
पर सारे राज़ बताती,
आप उठाते मुझे रोज़,
और मेरी सुबह मरहम हो जाती,
काश आप होते,
तो हर सुबह इससे भी ज्यादा ख़ूबसूरत हो जाती,
बहुत ज़्यादा, पापा।।

26. मेरी तस्वीर

अब जो मैं पास नहीं तेरे,
तो तूँ रोता है,
हर पल तुझे याद सताए मेरी,
बार-बार आँखें भर आएं तेरी,
क्यों तस्वीर मेरी सिरहाने रख कर सोता है?

प्यार को मार दिया तूने,
बेदर्द होकर बर्बाद किया तूने,
अब जज़्बात अपने अश्कों में पिरोता है,
पहले ना कभी ख़्याल किया,
फिर क्यों तस्वीर मेरी सिरहाने रख कर सोता है?

कितने बुरे दिन दिखाए,
जाने कैसे हालात बनाए,
अब अपनी हर गलती का एहसास होता है,
तब मेरी क़दर नहीं की,
अब क्यों तस्वीर मेरी सिरहाने रख कर सोता है?

वक़्त ने ली करवट,
झोंक दिया मुझे अकेले,
टूटा हुआ दिल जुड़े ये तो नामुमकिन होता है,
मेरा भरोसा, मेरा ग़ुरूर तोड़ दिया,
तो क्यों तस्वीर मेरी सिरहाने रख कर सोता है?

27. मैं और तुम

इस भीड़ भरी दुनिया में,
हज़ारों चेहरों में,
एक दूसरे को अपनी तरफ़ खींचते हुए,
मैं और तुम, हम बनने की कोशिश करते हुए।

इस माया नगरी में,
भाग दौड़ से भरे जहाँ में,
एक दूसरे को समेटते हुए,
मैं और तुम, हम बनने की कोशिश करते हुए।

अनगिनत तारों के स्याल में,
ग्रहों के जाल में,
एक दूसरे को अपने प्यार से सींचते हुए,
मैं और तुम, हम बनने की कोशिश करते हुए।

ग़लत सही के सवालों से परे,
समाज की सोच को बिसारते हुए,
एक दूसरे को पूरा करते हुए,
मैं और तुम, हम बनने की कोशिश करते हुए।।

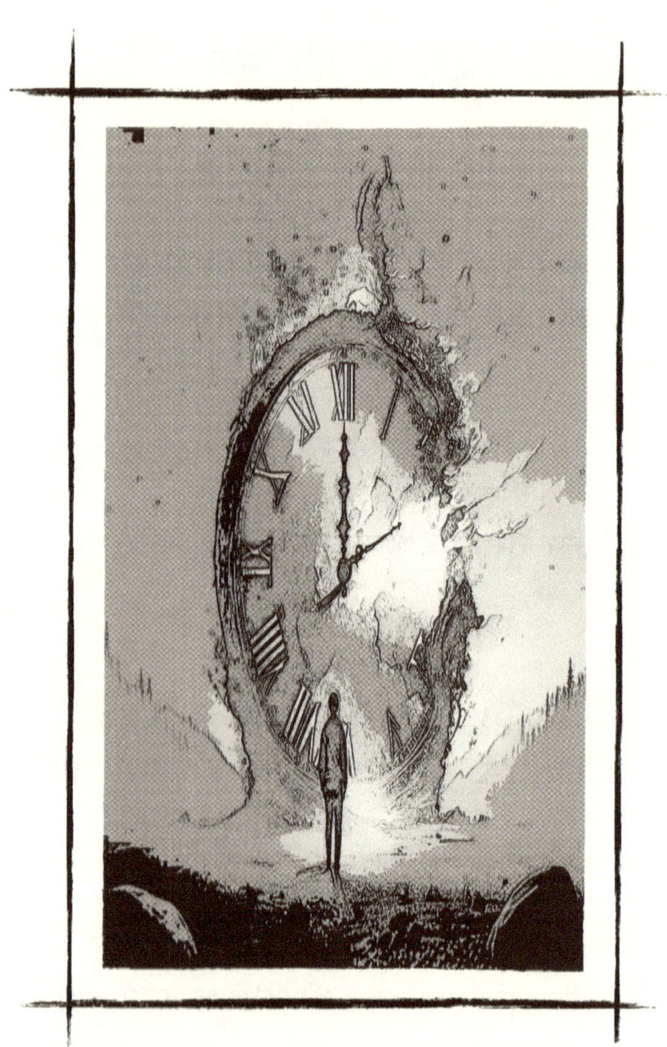

28. कभी कभी

कभी कभी दिल में ख़याल आता है,
कि जो बीत रहा वक़्त नहीं,
ज़िंदगी है,
प्यार तो जन्मों-जन्मों का होता है।

प्यार की रिवायतें भी कितनी अज़ीब हैं,
इसमें एक दूसरे से की हुई शिकायतें भी दिल के क़रीब हैं,
ग़म छुपाने के हज़ारों तरीक़ों में,
मुस्कुराना ही सबसे मुश्किल है,
इंसान चाहे कितना ही फ़ाज़िल है,
अकसर इश्क़ की जंग में नाकाबिल है,
कोई फ़रक नहीं पड़ता इसे,
मैदान में कितने दिल रक़ीब हैं,
जिससे प्यार करते हो,
शायद हँसते-हँसते उसका त्याग कर जाना ही नसीब है।

फिर वही ख़याल आकर तसल्ली देता है,
जो बीत रहा सिर्फ़ वक़्त है,
अभी हुआ कहाँ इश्क़ मुकम्मिल है,
शायद इस ज़िंदगी में नहीं होगा,
अभी तो जाने कितनी बार आना पड़ेगा,
मिली कहाँ अभी मंज़िल है,
अभी कहाँ तर आए साहिल है,
क्योंकि प्यार तो जन्मों-जन्मों का होता है,
और परिशुद्ध प्रेम की तो नज़ाकत और इनायत ही युगों की होती है।

29. सोचती हूँ

इस भागती दौड़ती दुनिया में,
ये थके चेहरे,
मुस्कुराने की कोशिश करते हुए,
हर सुबह घर से निकल कर,
परिवार चलाने की कोशिश करते हुए,
भागते हुए,
ना दाएँ देखते और ना बाएँ,
शायद जल्दी कहीं पहुँचना है इन्हें,
कहीं पहुँच कर जवाब देने हैं कई।

सोचती हूँ, कहाँ से सुकून तलाश करूँ,
ना तो ये लहरें शांत होती हैं,
ना ही ये दौड़ती हुई दुनिया,
और ना मेरा मन,
बस फड़फड़ाता रहता है,
शायद कुछ है ऐसा जो नहीं मिला कभी,

कुछ है ऐसा जो ढूँढ रही हूँ अभी भी,

ठीक है ना बह जाने देते हैं पानी की तरह सब कुछ,
उस ऊपरवाले की मर्ज़ी का भी सब अच्छा ही होता है, शायद।

और शायद इसलिए हम दुआ कर के पूज़ा का सारी सामग्री जल प्रवाह
कर देते हैं॥

30. अब तुम आओ भी तो कोई फ़रक नहीं पड़ता

अब तुम आओ भी तो कोई फ़रक नहीं पड़ता,
किसी और की बाहों में जाओ तो भी दिल नहीं दुखता,
कुछ फ़ैसले कर गए फासले दरमियाँ,
इन आंखों के सूखे आंसू न हो पाएँ शब्दों में बयान,
अब तुम मुस्कुराओ तो भी कोई फ़रक नहीं पड़ता।

अब तुम ग़ैरों के साथ मुस्कुराओ,
या नाव में बैठ कर किसी और किनारे लग जाओ,
वक़्त वक़्त की बात है,
एक बार का धोखा,
लगा सच्चे प्यार की दात है,
इश्क़ को ज़िस्मानी समझ के,
रूह तड़पाना,
और ख़ुद को सही बताना,
बार-बार के झरोखे नहीं होते,
हर बार आँखों को धोखे नहीं होते,
अब तुम जाओ तो भी कोई फ़रक नहीं पड़ता।
अब कोई फरक नहीं पड़ता।।

31. ख़ामोशी

मेरी ख़ामोशी तो एक बहाना था,
तुझे ही सब कुछ छुपाना था,
ज़िंदगी की अनकही, अनसुनी कहानियों में,
कुछ किस्सों को दफ़न हो ही जाना था,
शायद, तुझे ही कुछ छुपाना था,
मेरी ख़ामोशी तो एक बहाना था।

मिलेंगे गर अब हम किसी मोड़ पर,
इंकार कर देना पहचानने से,
मेरा दिल तो रोता ही रहेगा,
ठहर जाएंगे कदम
आँखें कितनी भी हो नम,
पर तूँ निकल जाना सामने से
और इंकार कर देना पहचानने से,
समझ जाऊँगी ये एहसास,
जो जान के भी कुछ अनजाना सा था,
मेरी ख़ामोशी तो सच में एक बहाना सा था।।

32. मिट्टी का इन्सान

मिट्टी का इन्सान है,
ख़ुद के ग़ुरूर में जैसे वो भगवान है,
काहे दुख में आँख भिगोये,
सुख में जैसे सर्वशक्तिमान है।

जिनके शब्दों में तहज़ीब है,
जिन्हें वक़्त की क़द्र करना आता है,
जिन्हें दूसरों की तकलीफ़ें पढ़ना आता है,
जो अपना दुख छुपा कर तुम्हारी मुस्कुराहट की वजह बन जाते हैं,
वो लोग अक्सर ख़ामोशी से अपना क़रम कर निकल जाते हैं।

जिनके हाव भाव में सम्मान है,
जो रखते हर दम इंसान का मान है,
जो हर किसी की हाँ में हाँ नहीं मिलाते,
कुछ ग़लत होने पर,
"ना" कहने का भी जिन्हें ज्ञान है,
जो अपना अहंकार तोड़कर तुम्हारे आगे झुक जाया करते हैं,
वो लोग अक्सर ख़ामोशी से अपना क़रम कर निकल जाते हैं।।

33. अधूरे अल्फ़ाज़

कभी-कभी इतनी याद आती है,
कि अल्फ़ाज़ अधूरे लगते हैं,
क्यों इतनी बेबसी होती है ज़िंदगी में,
कि एहसास अधूरे लगते हैं॥
तेरे साथ को तरसे,
तुझसे बात करने को तड़पे,
फिर क्यों आज़ के जहाँ में मोह और तृष्णा है,
कहाँ गया जन्मों का प्यार,
क्यों टूट गया ये विश्वास,
जब हर वादे में तूने कहा था,
हम तो राधा और कृष्णा हैं,
वक़्त का फ़ेर देख,
मोह माया का तेज़ देख,
प्यार की हार हुई,
या प्यार की जीत हुई?
इस उलझन का घेर देख,
क्यों, आख़िर क्यों?
बीते लम्हों की कभी-कभी इतनी याद आती है,
कि अल्फ़ाज़ अधूरे लगते हैं,
क्यों इतनी बेबसी होती है ज़िंदगी में,
क्यों ये एहसास अधूरे लगते हैं?

34. इश्क़ का ख़ौफ़

इश्क़ की राहों में खो हो गए हम,
दिल के जज़्बातों में गुम हो गए हम।
तुझसे मिलने की एक ख्वाहिश थी,
तुझे पाने की हर हद क़ोशिश थी,
दिल में इश्क़ की चिंगारी थी,
तेरे दीदार के लिए तरसी ये निगाहें हमारी थी,

तेरी यादों की महक सांसों में बसी थी,
तेरे प्यार की राहों में चलने के लिए,
हर बंधन को तोड़ने चली थी,
तेरी मुस्कान में छुपा के ख़ुशियों का सागर,
तेरे दिल की धड़कन में बसा कर प्यार का नगर,

तुझे बना कर जिंदगी,
मान कर अपनी ख़्वाहिश,
इस सफ़र पर चली थी,
अब तेरे बिना दुनिया बेमान सी लगती है,
तेरे संग बिताये पल मेरी रूह को खलते हैं,

तुझे मान कर अपनी चाहत,

तेरे साथ जीने का मज़ा ही कुछ और है, समझाकर,

मोहब्बत की कहानी को अपने दिल में लिखकर,

तेरे लिए हर पल ख़ुदा से दुआएँ माँगते हुए,

तू है मेरा सब कुछ, तू है मेरी ज़िन्दगी,

तेरे प्यार में खो जाने का आनंद लेते हुए,

तुझे खोने से डरते हुए, सहमे हुए,

रूह एक बार फिर चली थी,

तड़पते हुए, तरसते हुए।।

35. एक तरफ़ा प्यार

ना कभी साथ चले, ना कभी इक़रार हुआ,
कैसा इत्तेफाक़ है हमें उनसे प्यार हुआ,
ना कभी साथ निभाया, ना क़समें खाईं,
ना वादे तोड़े, ना किसी पर आँच आई,
कुछ कहानियों के सच अधूरे हैं,
और कुछ कहानियों के झूठ भी पूरे हैं।

हैरानी है ये सोचकर कि ज़िंदगी कितनी बेमानी है,
क्यों ना कभी साथ चले, ना कभी इक़रार हुआ,
ना एक दूसरे से रूठे,
ना कभी किसी को मनाया,
ये कैसा काल्पनिक प्यार मेरे हिस्से आया,
क्यों ऐसा इत्तेफाक़ है कि हमें उनसे प्यार हुआ।

शायद कुछ कहानियों में,
सच और झूठ दोनों ही ग़लत होते हैं
और दोनों ही बराबर के सही,
पर प्यार को इतना बुरा भी नहीं होना चाहिए।।

36. एक बार फिर मिलेंगे

इस नहीं तो अगले जहाँ मिलेंगे, एक बार फिर मिलेंगे,
रह गया जो अधूरा, उसे करने पूरा,
तेरे ख़्वाबों के सहारे जीने, कुछ अपनी ख्वाहिशें पूरी करने,
प्रेम को पारिशुद्ध बनाने, राधाकृष्ण का नाम बखाने,
इस नहीं तो अगले जहाँ मिलेंगे, हम एक बार फिर मिलेंगे।

मेरे पास ख़ामोशी के सिवाए तुम्हें देने के लिए अब कुछ नहीं है,
तुम्हारी उम्मीदों पे ख़रा उतरने का दम नहीं है,
कहाँ से लाऊँ कुछ ऐसा, जो तुम्हारी रूह ख़ुश कर दे,
भूला के सारे धोखे, तुम्हें पावन कर दे,
चलो जाने देते हैं इस बार, अब अगली बार मिलेंगे,
इस नहीं तो अगले जहाँ मिलेंगे, हम एक बार फिर मिलेंगे।

पर तुम थोड़ा सा बदल जाना, इस दुनिया के रंग ख़ुद पर मत चढ़ाना,
बड़ी हिम्मत से कहा है इस बार, अगली बार ये हिम्मत ना होगी,
इस बार "रूह" में ज़िंदा तुम रहो, मुस्कुराओ,
प्रेम मिलन अबकी बार रहने देते है, अगली बार मिलेंगे,
इस नहीं तो अगले जहाँ मिलेंगे, हम एक बार फिर मिलेंगे।।

37. प्यार की सज़ा

दिल की आवाज़ को इश्क़ की सौगात दे दो,
हमें तुमसे प्यार करने की सज़ा दे दो,
चाँद को छूने की आदत नहीं थी,
तेरी इबादत करने से फ़ुरसत जो नहीं थी,
तेरे इश्क़ की इनायत थी मेरी ज़िंदगी,
अब अपना फ़ैसला, अपनी रज़ा दे दो,
हमें तुमसे प्यार करने की सज़ा दे दो।

तेरी यादों के तूफ़ान में है रूबरू ज़िंदगी,
हर लम्हे को जैसे घायल कर दिया,
तेरी ख्वाहिशें पलकों पर,
और ख़ुद के ख़्वाबों को जैसे क़ायल कर दिया,
मेरे दिल पे पड़े बोझ को अब अज़ा दे दो,
हमें तुमसे प्यार करने की सज़ा दे दो।।

38. कई दफ़ा लगता है

कई दफ़ा लगता है, ख़ुद से ज़्यादा इश्क़ किसी से नहीं करना चाहिए,
क्योंकि,
तुम ख़ुद ही हो जो हर जगह ख़ुद के साथ खड़े हो सकते हो,
ख़्वाहिशें पूरी कर सकते हो,
ख़्वाबों को सजा सकते हो,
शीशे में देखकर,
ख़ुद को शाबाशी देकर मुस्कुरा सकते हो,
सच कहूँ,
ख़ुद से ज़्यादा इश्क़ किसी से नहीं करना चाहिए।

कई दफ़ा लगता है,
आज कोई साथ नहीं है,
अकेलापन तड़पाता है,
बात करने को जब कोई नज़र नहीं आता है,
उलझन देखिए आज की,
दोमुँहे समाज की,
जिससे तुम बात करना चाहते हो,
वो तुमसे बात नहीं करता,
जो तुमसे बात करना चाहते हैं,
उनसे तुम बात नहीं करते,
सच ही है,
ख़ुद से ज़्यादा इश्क़ किसी से नहीं करना चाहिए।

कई दफ़ा लगता है,
ग़म छुपाकर मुस्कुराना क्यों है,
सच को झूठ बना कर जताना क्यों है,
हो सकता है तुम्हारी जगह यहाँ नहीं हो,
तुम्हें किसी और की जगह नज़र आना क्यों है,
घर हो तो बाहर जाना है,
बाहर हो तो घर,
ज़िंदगी को इतना उलझाना क्यों है,
सच बताऊँ,
तो ख़ुद से ज़्यादा इश्क़ किसी से नहीं करना चाहिए,
कभी ख़ुद को इतनी भी तकलीफ़ नहीं देनी चाहिए।।

39. इश्क़ की बाज़ियाँ

सँजोए थे कुछ सपने,
कहा था कुछ तुम्हारी पसंद का,
कुछ मेरी इच्छानुसार,
दोनों मिल कर बना लेंगे अपना संसार,
पर वक़्त का हेर-फ़ेर तो देखो,
जिसे अपनी जान बनाया,
जिसे अपना दिल थमाया,
समाज की चकाचौंध में बह गया,
मेरे दिल के टुकड़े करता रह गया,
कहानी इतनी ही थी हमारी,
बोलकर आगे बढ़ गया,
जाने माया के कैसे जाल में पड़ गया,
आख़िर आ गया वो दिन,
जब खिलौनों से खेल कर मन भर गया,
वापिस मेरे पास आने का दिल कर गया,
बेसमझ नादान, कैसे समझूँ उसकी चाल,
पर टूटे दिल को सब पता था,
बिखरी ख़्वाहिशों को सब याद था,
साफ़ ना कर दिया,
आँखें भर आईं,
हाथ काँप उठे,
सहमा सा दिल आँखों का सहारा बन चल दिया,
टूटा हुआ मन हाथों को थाम चल दिया,
चल दिया अपना नया जहाँ बनाने।।

40. तन्हाई का आलम

तन्हाईयों का आलम ही कुछ ऐसा है,
जब-जब आँख उठे उनके दीदार में,
सब पानी बनके झलक जाता है,
बस एहसास सिर्फ़ इतना हुआ,
रिश्ते धागे से होते हैं,
छोड़ो तो छूट जाते हैं,
खींचो तो टूट जाते हैं,
पकड़ो तो रूठ जाते हैं,
इनको निभाने की भी अपनी ही कला है,
सीखने की गुज़ारिश में कितने रिश्ते एक तरफ़ा होकर बह जाते हैं,
तन्हाइयों का आलम ही कुछ ऐसा है,
सब याद दिला देता है,
जब हाथ छूट जाता है,
तब सब सिखा देता है।।

41. दिल की कश्मकश

दुश्मन भी मुरीद हैं मेरे,

याद करते हैं वक्त बेवक्त,

हाल पूछ लेते हैं वो भी कभी,

नफ़रत निभाते-निभाते,

ख़्याल पूछ लेते हैं वो भी कभी,

जाल बुनते-बुनते,

पर तुझसे ये कैसा रिश्ता बना,

ना आस तूँ, ना पास तूँ,

ना मुरीद तूँ, ना प्यास तूँ,

ना हाल-ख़्याल पूछे कभी मेरा,

और दुश्मनों का काफ़िला मुझे कंधा देके चला,

जो कभी फ़र्ज़ था तेरा,

बस इतनी आवाज़ सुनी तेरी,

के बहुत अच्छी हंसी थी और दिल साफ़ था,

कैसे बताए कोई टूटे हुए दिल को ना मिला इंसाफ़ था,

ज़िंदगी तो जीनी ही थी,

वरना उस ख़ुदा का दिया हुआ तोहफ़ा नाकाम हो जाता,

वक्त से पहले जाती तो उसका अपमान हो जाता।।

42. अल्फ़ाज़ अब कम हैं

अल्फ़ाज़ अब कम हैं, आप ख़ामोशी समझ जाना,
आँखें अब नम हैं, आप मेरा मन पढ़ जाना।
वक़्त बहुत कुछ छीन लेता है,
मेरी तो सिर्फ़ मुस्कुराहट छीनी है।

बता दूँ इस जहाँ को,
उस ख़ुदा से भी बड़े हो आप,
उसने ग़म और ख़ुशी दोनो दी,
पर जितना भी ग़म मेरे हिस्से आया,
आप ने मुझे ख़ुशियाँ देकर दुख खुद पाया,
पापा, आज फिर आप बस सिर पे हाथ रख जाना,
अल्फ़ाज़ अब कम हैं, आप ख़ामोशी समझ जाना।

रुलाया ना कर अब ऐ ख़ुदा,
चुप करवाने वाले पापा अब नही हैं।।

43. ख़ुदा से कोई सवालात नहीं

क्यों हैं हम दूर, क्यों साथ नहीं,

क्यों हम आज़ करते बात नहीं,

क्यों हम एक दूसरे के पास नहीं,

हर दिन साथ बिताने का वादा था,

एक साथ खाने का,

अपना घर सजाने का वादा था,

अब सपनों वाली कोई रात नहीं,

उस ख़ुदा से मेरे ऐसे कोई सवालात नहीं।

ना तेरे जाने का ग़म, ना तेरे आने की ख़ुशी,

आज समंदर में पड़े शांत पानी की तरह है मेरा मन,

एक चुप खड़े पहाड़ की तरह,

जिसे ना कोई डगमगा सकता है,

ना कोई बहला सकता है,

दोबारा तुझपे भरोसा कर ले,

ऐसे मेरे हालात नहीं,

उस ख़ुदा से मेरे कोई सवालात नहीं।

तेरे दो आँसू गिराने पे मान जाऊँ,

अपना सब तुझपे हार जाऊँ,

यक़ीन वो मोहब्बत से मेरा उठा दिया,

जिन हाथों से ख़ाना खिलाया,

उन्हीं हाथों से मेरे ख़्वाबों का गला दबा दिया,

अब मेरे हाथों में तेरा हाथ नहीं,

उस ख़ुदा से मेरे कोई सवालात नहीं।।

)))) ☾ ● ☽ ((((

44. सपनें

मुझे बस अपने पँख फैला के उड़ना है,
याद हैं मुझें,
वो पुराने सपने
कुछ ख़ुद से किए थे वादे,
वो मेरे बचपन के इरादों की यादें,
ये आवारा सा दिल क़ाबू में आने लगा था,
ना जाने कैसी हवा ने सपनों का रुख़ मोड़ दिया,
आज़ वो मेरे पुराने सपने रूठे हैं मुझसे,
इन्हें शिकायत है कि मैं पहले जैसी नहीं रही,
इन पर ध्यान देती नहीं,
बस इतना सुना कि,
ये बंजारा दिल फिर मचल गया,
उन्हीं पुरानी राहों पे चल दिया,
नई "रूह" को समझा दिया,
सब रूठे, सब छूटे,
बस सपने ना टूटें,
सपने ना टूटें।।

45. इंसानियत

क्या बनाने आए थे क्या बना बैठे,
मन्दिर, मस्जिद और गुरुद्वारों पे गुरूर करते रहे,
अपना वजूद इस क़दर गवाँ बैठे।
तूँ मुस्लिम, मैं हिंदू,
तूँ सिक्ख, मैं गुजराती,
बस इंसानियत भुला कर धर्म मशहूर करते रहे,
मन्दिर, मस्जिद और गुरुद्वारों पे गुरूर करते रहे।

हमसे तो अच्छी उन परिंदों की ज़ात है,
जिनके मन में ना कोई दग़ा है,
ना तेरा-मेरा का भेद भाव है,
जो कभी मस्जिद पे जा बैठे
तो कभी मंदिर पे जा बैठे,
और हम इंसान ख़ुद को नफ़रत में चूर करते रहे,
मन्दिर, मस्जिद और गुरुद्वारों पे गुरूर करते रहे।।

46. ख़्वाबीदा इश्क़

ये ख़्वाबीदा इश्क करने से पहले ना सोचा,
यूं इश्क का इख़्तिताम ना सोचा,
क्या करे कोई,
जब उलझा जाए अपना ही कोई,
दिमाग में बस जाए यूं,
दिल में उतर न पाए और कोई,
तबाह तो कर ही देता है यह इश्क,
ख़ासियत तो देखिए,
एक की बर्बादी पर, दूज़ा जश्न मनाता है,
एक शायरी करता रहता है, दूज़ा जहां को जीत आता है,
एक क़सीदे कसता रहता है, दूज़ा सिरहाना पकड़ आराम से सो
जाता है,
यह इश्क का फल सर-ए-आम देखिए,
कोई बरबाद तो किसी का आसमान छूआ मुकाम देखिए।।

THE SUN-KISSED LIES

47. ज़िंदगी

वो लोग कमज़ोर होते हैं,
जिन्हें ज़िंदगी जहाँ चाहे, वहाँ ले जाती है,
जिन्हें ज़िंदगी अपने इशारों पर नचाती है,
पता है,
ज़िंदगी आपको मिला हुआ एक तोहफ़ा है ख़ुदा का,
आपको उसका इस्तेमाल करना,
बेहतर और बेहतर
या फिर ऐसे कहूँ कि ज़िंदगी एक डायरी की तरह हैं,
जिसमें आपको अपने, सुख, दुख,
ख़्वाब, ख़ुशियाँ, ख़्वाहिशें, बचपन
और अपना इश्क़ लिखकर क़िताब बनानी है,
जो आने वाले हर इंसान को ज़िंदगी समझने की प्रेरणा दे सके,
अब आप ही बताओ इंसान डायरी ख़रीद कर पढ़ता है,
या क़िताब ख़रीद कर?

48. शायद सब खो दिया

कभी कभी सोचती हूँ,

मन में उठा ये कैसा जाल है,

क्या छूट गया, क्या पाया,

क्या खोया, क्या रहा,

ये सब मेरे ही सवाल हैं,

या तुम सबका भी मेरे जैसा हाल है,

ये डर इतना सताता है कि ज़िन्दगी में अब तक वो नहीं किया जो

करना चाहती हूँ,

वो नहीं पाया जो पाना चाहती हूँ,

शायद मैंने सब खो तो नहीं दिया,

लगा पाया है कुछ, पर कुछ खो तो नहीं दिया,

यह बेचैनी अंदर तक तोड़ देती है,

इस हद्द तक अकेला कर छोड़ देती है,

सवालों के जाल में झँझोड़ देती है,

फिर ख़ुद की तसल्ली देती हूँ, कि किया तो बहुत कुछ है,

पर अभी पूरा होने में शायद थोड़ा वक़्त और लगेगा।।

49. इंसान का ग़ुरूर

कौन सी सूरत और कैसे लिबास की बात करते हो,
गुरूर में तो इंसान ख़ुद को भी नही पहचानता,
कौन से दान-परिदान और कैसे आवास की बात करते हो,
गुरूर में तो इंसान अपना परिवार भी नहीं पहचानता।

जानता है इंसान कि मिट्टी से जन्म लेकर मिट्टी में जाना है,
पता है उसे रब इबादत ही नही ख़यालात भी देखता है,
वो कर्म ही नहीं, कर्म करने के हालात भी देखता है।

शौक़ से भटके हैं सब, इश्क़ है ख़ुद से,
ना रास्ता दिखाओ, ना तरीक़ा समझाओ,
इतना गुरूर है, हर वक़्त मैं सही हूँ का राग है,
इंसान को तो ना पता बताओ ना वजह समझाओ,
इश्क़ के नाम पर अंधा मोह है ख़ुद से।।

ODAY, I FEEL POSITIVELY
SOME   BEAUTIFUL   ARVELLOUS
S   GORGEOUS   HANDSOME
PIRED   JOVIAL   LOVED

50. ए-ज़िन्दगी, तूँ तो बेमतलब है ना

कुछ मतलब की बातें हैं,
कुछ बातों के मतलब हैं,
ए-ज़िंदगी, तूँ तो बेमतलब थी ना?

जो कह दूँ वो अल्फ़ाज़ हैं,
जो कहते-कहते रुक जाऊँ, वो अहसास है,
ए-ज़िंदगी, तू बिन कहे सब समझती थी ना?

कभी चलते-चलते रुक जाऊँ,
कभी रुक के छट-पटाऊँ,
ए-ज़िंदगी, तू वक़्त की तरह साथ चलती थी ना?

कभी तक़दीर का लिखा पा कर मुस्कुराऊँ,
कभी तक़दीर के लिखे को आँख दिखाऊँ,
ए-ज़िंदगी, तू मेरे एक इशारे पर तक़दीर से लड़ती थी ना?

51. मैं वो चाँद हूँ

मुझे परखने और समझने में अपना वक़्त मत गँवाना,
मैं वो इंसान हूँ, जो अपनी धुन में मगरूर है,
मैं वो तड़प हूँ, जिसे गुलामी नामंज़ूर है,
मैं वो दरिया हूँ, जिसकी लहरें मशहूर हैं,
मैं वो आग हूँ, जिसकी लपटें कोहेनूर हैं,
मैं वो सूरज हूँ, जिसकी चमक में फ़ितूर है,
मैं वो आसमाँ हूँ, जिसमें तारों सा सुरूर है,
मैं वो चाँद हूँ, जिसे अपने दाग़ पर भी गुरूर है।

ग़र करो तुम मुझसे नफ़रत, ये तुम्हारा क़सूर है,
जो करो तुम मुझसे प्यार, मेरी पलकों पे सजा ये नूर है,
मैं वो चाँद हूँ, जिसे अपने दाग़ पर भी गुरूर है।।

52. ये चार दीवारें

वो चार दीवारें होती हैं ना,
इतनी ऊँची,
जिनमें ना कोई झाँक सकता है,
ना कोई फाँद सकता है,
और ना धोखे से कोई लाँघ सकता है,
क्योंकि अब इस दिल में कोई नहीं आएगा,
सिवाए तेरे उसमें कोई घर नहीं बनाएगा।

माना मैंने, मेरे दिल का क़सूर था,
तुझपे भरोसा जो किया भरपूर था,
अब जब टूटा तो काँच की तरह चुभता है,
आँखों में भरा पानी तेज़ आँच पे रखा लगता है,
चुभता है, कि वो इंसान मैं नहीं थी,
अपने कृष्णा की राधा मैं नहीं थी,
अपने शिव की शक्ति मैं नहीं थी।।

53. अधूरी - अनकही ख़्वाहिशें

ये गुमसुम सी नज़रें,

झुका हुआ सा आलम,

ख़ामोश से लब,

मन में उठा तूफ़ान,

चिल्ला कर कहता है के थोड़ा वक़्त अपने लिए निकाल,

फिर मन मार के कहता है के बस ये थोड़े वक़्त की ही बात,

पूरे दिन की थकान,

शायद एहसास है उन अधूरी ख़्वाहिशों का,

जो पूरा होने का इंतज़ार कर रही हैं,

लोगों का वक़्त आया है, तेरा ज़माना आएगा,

मेरी नज़रें मेरे दिल से बात करके हौंसला-ए-बरकरार कर रही हैं।।

54. हर हर महादेव

आवाज़ों के बाज़ार में भी पहचान ले,
वो शिव है जो तेरे बिना कुछ कहे सब जान ले।
मोह-माया से मुक्त है वो,
जग उसके अधीन है,
बिना उसके हर प्राणी श्वास-हीन है,
तुझे करना कुछ ज्यादा नहीं है,
वो बरसों की साधना नहीं मांगता,
वो रोज शिवलिंग पर दूध नहीं चाहता,
चढ़ावे में प्यार भरपूर,
श्रद्धा से भक्ति,
कर्मों से सुकून,
और दिखावे से दूर।।

55. तेरे आने की ख़्वाहिश

कुछ आहटें, कुछ यादें,
कुछ नग़में, कुछ बातें,
दिल में बसी हुई तस्वीर बनाकर,
खड़ी है वो,
तेरे आने की ख़्वाहिश में आँगन सजा कर।

कुछ अनकही कहानियाँ,
कुछ अनसुनी रवानियाँ,
दिल में तेरी छवि छिपाकर,
इंतज़ार कर रही है,
तेरे आने की ख़्वाहिश में काजल लगा कर।

कुछ बहते हुए से अल्फ़ाज़,
कुछ बिखरे हुए साज़,
दिल में एक आस बसाकर,
निहार रही हैं चौखट को,
तेरे आने की ख़्वाहिश में अधूरा इश्क़ सजा कर।।

56. कुछ अनकहे सवाल

तुझसे इश्क़ कर ज़मीं को छूने की इजाज़त होगी क्या?
तुझसे इश्क़ कर मेरी इज़्ज़त महफ़ूज़ होगी क्या?

तुझसे इश्क़ कर मेरे ख़्वाबों की मौत तो नहीं होगी ना?
तुझसे इश्क़ कर मैं अपना स्वाभिमान तो नहीं खोऊँगी ना?

तेरे साथ फेरे लेकर ख़ुद के फ़ैसले लेने की आज़ादी तो होगी ना?
मेरे परिवार की पहचान मेरे नाम के साथ मंज़ूर तो होगी ना?

तेरे साथ चलते-चलते कुछ रास्ते मेरे भी होंगे ना?
तुझसे इश्क़ कर ख़्वाहिशें मेरी गुम तो नहीं होंगी ना?

तुझसे इश्क़ कर मेरा परिवार, मेरा घर पहले वो होगा ना?
तेरे घर पर और घरवालों के दिल मेरे लिए जगह तो होगी ना?

जवाब जो सबका एक सा होना चाहिए,
ना जाने क्यों हर किसी का अलग-अलग होता है,
कुछ शर्तों के साथ,
कुछ फ़र्ज़ों के साथ,
और दब जाता है प्यार,
अनकहे सवालों के क़र्ज़ों के साथ।।

57. फिर मनाने आया है

प्यार की बारिश,
यादों का सावन,
सपनों की ऊँचाई,
गरमी की तबाही,
सर्दी का आनंद,
ज़माने का फ़ानन,
माया की मोहमाया,
हँसी की आहटें,
कहीं ना मिली राहतें,
उलझनों से भरे पल,
नैनों में भर कर जल,
हर मौसम देख आया है वो, शायद,
फिर से मनाने आया है,
देखो लौट आया है वो, शायद।।

58. अपना अन्दाज़

इश्क़ की राहों पर चलना,
बिना कुछ कहे सब समझना,
ये चाँद-तारे तोड़ कर लाने वाले वादों से बचना,
एक दूज़े की ख़ुशी को परखना,
मोहब्बत की बारिश में एक साथ भीगना,
प्यार की लहरों में बहना,
एक दूज़े से कभी झूठ ना कहना,
दर्द के साथ ख़ुशी सँभालना,
एक दूज़े पर अपना रंग चढ़ाना,
हँसते हँसते ज़िंदगी बिताना,
ग़म तो आनी-जानी चीज़ है,
ज़िंदगी एक बार मिली है,
क्यों करना किसी की रीझ है,
अपने अन्दाज़ में जिओ,
दिल की गहराइयों से,
इसे गले लगाओ।।

59. घर लौट आना

अच्छा, करो जो करना है,
चढ़ लो हर ख़्वाहिश की सीढ़ी,
लाँघ दो हर जाले को,
तोड़ दो हर ताले को,
पर जब थक जाओ,
तो घर लौट आना।

पार करो हर राह को,
अपना बनाओ हर चाह को,
मंज़िल की तरफ़ बढ़ते जाओ,
दुआ है, आसानी से सब करते जाओ,
अच्छा, पर जब थक जाओ,
तो घर लौट आना।

आज के सारे काम,
कल के सारे अवाम,
अपने लक्ष्य को पाओ,
जितना चाहे ज़ोर लगाओ,
तुम सब हासिल करते जाओ,
पर जब थक जाओ,
तो घर लौट आना।

कोई इंतज़ार करता है घर पर,

जिनके लिए चले हो तुम कठिन राह पर,

उसकी उम्मीद मत तोड़ देना,

उसकी निगाहों को मत झरोखे देना,

परिवार को साथ रहने की आड़ में मत धोखे देना,

वक़्त रहते समझ जाओ,

अब थक गये हो,

तो घर लौट आओ,

माँ इंतज़ार कर रही है,

अब तो चले आओ।।

60. इश्क़ के साथ दर्द

ये इश्क़ के साथ हर बार दर्द कैसे जुड़ जाता है,
चाहे जितने अल्फ़ाज़ों को तोड़ दूँ, जोड़ कर मरोड़ दूँ,
पता नहीं, इश्क़ के साथ हर बार दर्द कैसे जुड़ जाता है?

शायद होगा हसीं, ख़ुशनुमा किसी का इश्क़,
मैंने जितना जाना प्रेम को, जितना मान दिया इश्क़ को,
क्यों एक दूज़े के बिना तड़पते कृष्ण और राधा हैं,
ये इश्क़ के साथ हर बार दर्द कैसे जुड़ जाता है?

प्रेम में सम्मान है, भरोसा है, अपनापन है,
वादे किए जन्मों-जन्म साथ रहने के, ना दोनों इरादों से अनजान है,
कैसा है ना, हँसी देकर आँख भर जाता है,
ये इश्क़ के साथ हर बार दर्द कैसे जुड़ जाता है?

61. ख़्वाब आसमानी

पाँव ज़मीं पर रख कर,
आसमाँ पर नज़रें टिकाता हूँ,
मैं अपने ख़्वाबों को अक़सर अपने साथ ले जाता हूँ।

अपने बीते कल को ज़ेब में रख कर,
आज़ में ज़ी कर,
आने वाला कल भी सँवारता हूँ,
मैं अपने ख़्वाबों को अक़सर अपने साथ ले जाता हूँ।

चार लोग क्या कहेंगे,
उनके ताने सुनकर भी,
अपने आप को प्यार से निहारता हूँ,
मैं अपने ख़्वाबों को अक़सर अपने साथ ले जाता हूँ।।

62. फ़ाज़िल हूँ मैं

कितनी बार मन मारना पड़ता है,
नाक़ाबिल नहीं फ़ाज़िल हूँ,
अपने आज़ में रह कर अपना कल देखता हूँ,
सब ख़ुद करने की चाह रखी है,
तभी तो मन से थोड़ी दूरी बना रखी है,
बिकना मुझे मंज़ूर नहीं,
दो चेहरों की कोई हसरत नहीं,
जैसा हूँ, वैसा नज़र आता हूँ,
तभी तो कई दिल दुखाता हूँ,
जलते हैं लोग मुझसे इस बात से,
इतना तो कुछ ख़ास किया नहीं,
फ़िर हमेशा सुकून में क्यों नज़र आता हूँ,
अक़सर ये कह कर निकल जाता हूँ,
एक चेहरा है मेरा, ज़िद्द भरा,
अपने माँ-बाप पर गया,
तुम चाहो जो कर लो,
कुछ बिगाड़ नहीं पाओगे,
उनका हाथ है मेरे सिर पर,
ये ग़ुरूर हटा नहीं पाओगे,
मेरे चेहरे का ये नूर मिटा नहीं पाओगे।।

63. हमारे प्यार की मिसाल

प्यार की एक आस थी,

जीवन को रंगीन बनाने की प्यास थी,

सोचा था, हमारे प्रेम की मिसालें होंगी,

क्या पता था,

जल रही मशालें होंगी,

कई रिश्ते तबाह होंगे,

चैन ढूँढती रहेगी दिल की धड़कन,

ख़्वाबों के पंखों पे लगेंगे प्रश्न-चिन्ह,

सुकून का ना कोई वास्ता होगा,

साथ चलने का ना कोई रास्ता होगा,

शायद ज़िंदगी पहुँचा देगी तकमील तक,

वरना तेरा-मेरा फ़साना कहाँ दुनिया के लिए वाज़िब होगा।।

64. उड़ान उन ख़्वाबों की

ख़्वाबों की उड़ानों पर आज मैं लिख दूँ,
जहाँ रंग-बिरंगे सपने का साथ मैं लिख दूँ,
जगमगाते तारे और चाँद की खिलती चाँदनी,
आसमाँ में लहराते बादल,
धरा को चूम के जाता सावन,
कुछ यूँ ही अपने ख़्वाबों का आग़ाज़ लिख दूँ।

जीने की ख़वाहिश में चलता हूँ,
खुद को समझाते, सँभालते, अपने सपनों की ओर बढ़ता हूँ,
जब साँझ आती है, ख़्वाबों की दुनिया सजाती है,
सोचने पर मज़बूर कर जाती है,
आज़ क्या किया ख़ुद की ख़्वाहिशों के लिए,
हर ख़रच का हिसाब लगाती है।

सच ही तो है,
ख़्वाबों का जहां है अलग,
मन को भर देता है उत्साह से,
कभी प्रेम से, तो कभी आह से,
हर इक ख़्वाब सच हो जाता है,
मंज़िल की आख़िरी राह पे।।

65. आज़ादी इश्क़ से

तूँ मेरा नहीं, मान लिया मैंने,
बहुत देर लगी, पर जान लिया मैंने,
ग़लती हुई मुझसे,
या ग़लतफ़हमी कि हम जान हैं एक-दूसरे की और
शायद तुझे अपने प्यार में बाँध लिया मैंने,
अनजान थी प्यार की रिवायतों से,
तेरी अनकही शिकायतों से,
आज़ सुधार दी वो भूल,
जा आज़ाद किया तुझे,
मैंने मेरे इश्क़ की इनायतों से।।

66. माता-पिता का गुरूर

मुझे चाँद तक जाने की आदत है,

मेरी परछाईं को आसमाँ छूने की कसक है,

वो चित्र झूठे नहीं,

जो मेरे नन्हे हाथों ने,

कम-घड़ी पेंसिल से,

उन टूटे-फूटे रंगों से बनाए थे,

जिनमें मैंने चाँद छूकर धरा पे पाँव जमाये थे,

मेरे माता-पिता मेरे साथ खड़े मुस्कुराए थे,

"मेरी प्यारी बेटी" कह कर फूले नहीं समाए थे,

जब पढ़ना सीख रही थी,

लिखना जान रही थी,

तब ही मेरी नज़रों ने कुछ ख़्वाब सजाए थे,

वो चित्र झूठे नहीं थे जो मेरे नन्हे हाथों ने बनाए थे।।

67. एक रात एहसास की

एक रात,

नदी के किनारे,

हम दोनों बैठे होंगे,

हाथ में हाथ,

गुमसुम,

चुपचाप,

दूर तक नदी को निहारते हुए,

झलक भर एक-दूसरे को देखते हुए,

अपने जीवन के अच्छे-बुरे पलों के बारे में सोचते हुए,

उस दिन को याद करते हुए,

जब बहुत लड़े थे हम,

इतना कि शायद छोड़ ही देते इस जीवन में आस,

पर एक डर,

एक एहसास,

कि ज़ी तो लेंगे पर अधूरी रहेगी श्वास,

उस डर से गले लगा लिया,

पुराना सब भुला दिया,

एक नई शुरुआत के साथ।।

68. मुझे ख़ुद से मिलना है

कुछ पल के लिए मुझे खो जाने दो,
या यूँ कहूँ इस संसार से दूर हो जाने दो,
ये समाज जब ताने मारता है बिना जान-पहचान,
तो तकलीफ़ ऐसी देता है के अंदर तक टूट जाए इन्सान,
सच में, आज कुछ पल के लिए दूर हो जाने दो,
मुझे ख़ुद से मिलना है,
कुछ वक़्त ख़ुद से बातें करनी हैं,
कुछ चीज़ें ख़ुद को समझानी हैं,
मुझे ख़ुद में खो जाने दो,
कुछ देर चैन से सो जाने दो,
फिर जागूँ तो नया सवेरा होगा,
नई ताक़त, नया बसेरा होगा।।

69. एक सवाल

एक सवाल है ज़हन में,
इंसान जो करे गुरूर तन पे,
ज़ी-ज़ान लगाए धन पे,
ध्यान ना दें मन पे,
क्या कुछ मिलता होगा सुकून जैसा,
या तड़पता होगा कर्मों की उलझन में,
दुखाये जाने कितने दिल,
सताए कितने अपने,
जब जाना है मिट्टी में,
आये थे मिट्टी से,
क्या रहता होगा यूँ ही कश्मकश में,
एक सवाल है ज़हन में,
ये सवाल है मन में।।

70. मेरी नज़रों का शोर

मेरी शोर में दबी आवाज़ें,
मेरी बेअसर पुकारें,
मेरी खामोशियाँ,
भीड़ में,
दर्द में,
तन्हाई में,
अपनों में,
रुसवाई में,
गलियों में,
पुरवाई में,
शहरों में,
गाँवों में,
पहाड़ों में,
मैदानों में,
नदियों में,
जहानों में,
अक़सर तुम्हें ढूँढती हैं,
मेरी नज़रें आज भी तुम्हें ढूँढती हैं।।

71. ख़ुद का साथ

कौन कब तक बनेगा सहारा तुम्हारा,

कौन कब तक देगा साथ तुम्हारा,

नाजायज़ उम्मीदों पे कब तक चलोगे,

अपने मन को कब तक छलोगे,

आख़िर तुम्हारी लड़ाइयाँ तुम्हें लड़नी हैं,

तुम्हारे युद्ध तुम्हें जीतने हैं,

अंत में तुम्हें ही ख़ुद का साथ देना है।।

72. हारा सिर्फ़ वो जो घर से चला नहीं

कोई दर्द इन्सान के साहस से बड़ा नहीं,
कोई त्याग ऐसा नहीं जिसका फ़ल पला नहीं,
लाखों मिल जाएँगे तुम्हें मन भटकाने,
कई होंगे मतवाले जो तुमसे मतलब निकालें,
तुम्हें कमज़ोर बता तुम्हारा हौंसला चुरा लें,
पर सच कहूँ,
तुम मंज़िल पाओगे ये ठान लो,
अपनी ख़्वाहिशों की डगर पे चलोगे ये जान लो,
कोई दर्द इन्सान के साहस से बड़ा नहीं,
कोई इरादा तुम्हारे एहसास से बड़ा नहीं,
हारा सिर्फ़ वो जो घर से चला नहीं,
और कभी लड़ा नहीं।।

73. ईश्वर के फ़ैसलें

दिल उदास,
कितनी की मेहनत,
कितने किए यत्न,
कितना बहाया ख़ून-पसीना,
फ़िर भी जो ख़्वाब संजोए,
नहीं है कुछ पास,
इस वक़्त ने तोड़ दी आस।

आज फिर दिल उदास,
ख़ुद को कमरें में बंद कर,
बैठा हाथ में ले कर चाय का ग्लास,
एक आशा की किरण आई,
सूरज संग मुस्कुराई,
जब मैं जल कर भी रोशनी देता हूँ,
बदले में कुछ नहीं लेता हूँ,
तूँ कर्म से पहले फ़ल की चिंता करता है,
तभी तो कर्मों में कुछ कम ही अंकता है,

एक बार फिर कर कोशिश,
ना आर देख ना पार,
लड़ जा फ़िर से बिना सोचे,
जीत या हार,
ईश्वर के फ़ैसलों पर इतना शक नहीं करते,
और ख़ुद से इतनी शिकायत नहीं करते।।

74. मेरे ख़्वाबों का मतलब

मेरे लिए ख़्वाब पूरे होने का,
और मंज़िल पे पहुँचने का मतलब ये नहीं है,
कि महँगे कपड़े ख़रीदना,
बेशुमार क़ीमती घर बनाना,
हैसियत की जगह पर ख़ाना,
अकड़ में छाती तान कर चलना,
कोई ग़लत करे तो उसे आँख दिखाना,
किसी को छोटा और ख़ुद को बड़ा बताना,
ऑटोग्राफ़ देना या अपनी तरक़्क़ी जताना,

मेरे लिए ख़्वाब मुकम्मिल होने का मतलब है,
दिल बड़ा रखना,
किसी के मुस्कुराने की वज़ह बनना,
चैन से सोना,
सुकून से उठना,
कोई रहने का ठिकाना पूछे,
तो पूरा आसमाँ अपनी छत,
और पूरी ज़मीं अपना आँगन बताना।।

))) ☾ (((

75. किसी के जाने का ग़म उसके जाते ही शुरू नहीं होता

किसी के जाने का ग़म उसके जाते ही शुरू नहीं होता,
वक़्त लगता है इस एहसास में कि क्या खो दिया,
क्या था पास, कितना अनमोल था,
ये जानने में ना जाने कितना वक़्त लग जाता है।

ज़िंदगी जब धीरे धीरे आगे बढ़ने लगती है,
जाने कितने पाठ पढ़ाने लगती है,
एक-एक कर के ये दुनिया आज़माने लगती है,
शायद तोड़ना होता होगा पीछे रहे इन्सान को,
अश्रुओं में छोड़ना होगा बच गई जो ज़ान तो,
आज़माना होता होगा उसके प्यार को।

जब होता नहीं वो पास,
कभी बात ना कर पाने का ग़म,
कभी ना मिल पाने की घुटन,
अंदर से तोड़ने लगती है दम,
उसकी चीज़ों को देख कर उठती तड़प,
उसके साथ बिताए हुए पल,
हँसते हुए वो क्षण,
अधमरा करा छोड़ते है पीछे रहे इन्सान को।

क्यों ये ज़िंदगी-मौत का खेल ख़त्म नहीं होता?
ग़र सच है अपनों का चले जाना,
तो क्यों किसी को जाते देखना मंज़ूर नहीं होता,
क्यों उसके जुदा होने का पल क़बूल नहीं होता,
सच ही तो है किसी के जाने का ग़म उसके जाते शुरू नहीं होता।।

76. पापा, आप बहुत याद आते हो

आप बहुत याद आते हो,

जब किसी पापा को अपनी बेटी के लिए ख़्वाहिशें ख़रच करते देखती हूँ,

अपने ख़्वाब बदलते देखती हूँ,

ख़ुद की ज़रूरतें त्याग कर उसकी हँसी में हँसते देखती हूँ,

जब किसी पापा को अपनी बेटी पर गुरूर करते देखती हूँ,

जब किसी पापा को अपनी बेटी के लिए हर हद पार करते देखती हूँ,

जब किसी बेटी को अपने पापा के गले लगते देखती हूँ,

जब किसी बेटी को अपने पापा के कंधों पर चढ़ा देखती हूँ,

जब किसी बेटी को अपने पापा का हाथ पकड़ के सड़क पार करते देखती हूँ,

जब किसी बेटी को अपने पापा के सिर पर चढ़ा देखती हूँ,

आप बहुत याद आते हो,

आख़िर आपने मुझे शहज़ादी बना कर जो रखा,

आसमाँ की ऊँचाईयाँ दिखा कर जो रखा,

ये वाली ज़िंदगी अकेली सी है,

अच्छी नहीं लगती मुझे,

ये वाली हँसी मज़बूरी सी है,

मन को नहीं भाती मेरे,

हार कैसे जाऊँ,

भूल कैसे जाऊँ,

बिसार कैसे पाऊँ,

आपके सारे ख़्वाब याद हैं,

इसलिए जीने की फ़रियाद है,

जो अधूरा रह गया,

उसे मुकम्मल करना ही मेरा आग़ाज़ है,

आपके सारे ख़्वाब मुझे याद हैं।।

77. क्या लिखा जाता है कविताओं में

कविताओं में वो लिखा जाता है,
जिन भावनाओं को कोई समझ नहीं सका,
जिन वादों को कोई निभा नहीं सका,
जिन रस्मों को कोई ज़ी नहीं सका,
जिन इरादों को कोई बदल नहीं सका,
जिन पन्नों को कोई पलट नहीं सका,
जिन हौंसलों को कोई दबा नहीं सका,
जिन ऊँचाईयों को कोई गिरा नहीं सका,
जिन कोशिशों को कोई डगमगा नहीं सका,
जिस दरिया को कोई साहिल नहीं मिल सका,
जिन ख़्वाबों को कोई बदल नहीं सका,
जिन ख़्वाहिशों को कोई पलट नहीं सका,
जिन दिलों को कोई बहका नहीं सका,
जिन अरमानों को कोई पा नहीं सका,
जिन रोशनियों को कोई जला नहीं सका,
जिस सच को कोई कुचल नहीं सका,
जिस झूठ को कोई छुपा नहीं सका,
जिस प्यार को कोई झुठला नहीं सका,
जिस इश्क़ को कोई पा नहीं सका,
जिस मोहब्बत को कोई भुला नहीं सका,
जिस परिशुद्ध प्रेम को कोई विरहा नहीं सका,
जिस ज़िंदगी को कोई ज़ी नहीं सका,
जिस "रूह" को कोई छू नहीं सका,
जिस "रूह" को कोई हरा नहीं सका।।

78. इज़हार उस इश्क़ का

पापा, आपसे ज़्यादा प्यार किसी से नहीं करती
ये दुनिया के रास्ते, चमचमाते और चकाचौंध से भरे,
शायद मेरा मन कहीं और ले चले थे,
अनजान, अनकहे और अधबुने से सपने,
शायद एक रूहानी सच से परे थे,
बस एक बात कहनी रह गई थी,
आज़ इज़हार करती हूँ उस इश्क़ का,
पापा, आपसे ज़्यादा प्यार किसी से नहीं करती।

यूँ जाता है क्या कोई,
मैं कुछ दिन ख़्वाबों का बिस्तर पकड़ कर क्या सोई,
आपने कहा था,
भरोसा करता हूँ जो बनोगी उस पर,
गुरूर करता हूँ जो तुम हो उस पर,
पर मैं ही बोल नहीं पाई,
आज़ इज़हार करती हूँ उस इश्क़ का,
पापा, आपसे ज़्यादा प्यार किसी से नहीं करती।

आपने जाते वक़्त एक शब्द ना बोला,
दुनिया में कैसे जीना है,
मतलबी जहां में ठोकरें कैसे खानी है,
फिर उठना और फिर चलना कैसे है,
आपके बिना घर चलाना कैसे है,
ये कौन सिखाएगा,
मेरा तो कुछ हमेशा अधूरा रह जाएगा,
लिखकर ही करने दो,
इज़हार उस इश्क़ का,
पापा, आपसे ज़्यादा प्यार किसी से नहीं करती।

जब आप आख़िरी साँसे गिन रहे थे,
मेरा भी दिल उम्मीद के साथ डर के बादल लाँघ रहा था,
ख़ुद से लड़ रहा था,
हर जगह बस चिल्ला कर, झल्ला कर चल रहा था,
आपके जीने की दुआ कर रहा था,
शायद एक सच से ख़ुद को आगाह कर रहा था,
मेरा दिल हर पल में हज़ारों लड़ाईयाँ लड़ रहा था,
कि कभी गले लगा कर नहीं कहा,
पर आज़ आँखें भर कर इज़हार करती हूँ, उस इश्क़ का,
पापा, आपसे ज़्यादा प्यार किसी से नहीं करती।।

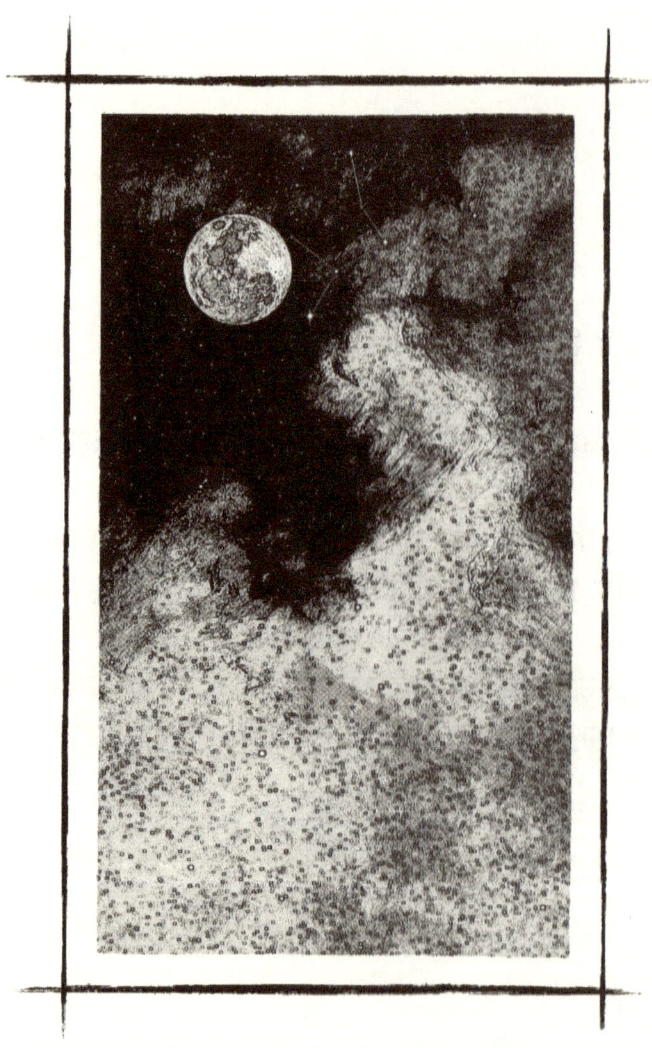

79. आसमाँ पे दस्तख़त

चलो आज़ आसमाँ पे दस्तख़त कर के आते हैं,
तारों को ऑटोग्राफ दे के आते हैं।

चलो आज़ ख़ुद से प्यार जताते हैं,
तुम पूरी जमीं और आसमाँ हो, ये बताते हैं।

चलो आज़ बिना रास्तों की परवाह किए चलते जाते हैं,
जो मिले उसका हाल पूछते जाते हैं।

चलो आज़ किसी का दिल नहीं दुखाते हैं,
सब हँसते हँसते साथ ज़िंदगी बिताते हैं।

चलो आज़ अपनी ख़्वाहिशों से मिल कर आते हैं,
ज़रा उनका हाल-चाल पूछ आते हैं।

चलो आज़ आसमाँ पे दस्तख़त कर के आते हैं,
तारों को ऑटोग्राफ दे के आते हैं।।

80. मैं शून्य हूँ

कभी-कभी भीड़ भरी दुनिया में,
हज़ारों आवाज़ों में,
कई चुप्पियों में,
भागती सड़कों पे,
चिल्लाते शहरों में,
दौड़ते गाँवों में,
सन्नाटों में,
नई दिशाओं में,
पुरानी परम्पराओं में,
मन शान्त हो जाता है,
ख़ुद से बात करता है,
समझाता है,
मैं शून्य हूँ,
समाज़ की कल्पनाओं के परे,
विश्व की कहानियों के बाहर,
सामाजिक जोड़-घटाव के पार,
गणित के गुणा-भाग का आधार,
मैं शून्य हूँ।।

81. एक कहानी

एक कहानी लिखती हूँ मैं आज,
तारों की छाँव में,
जीवन की धुन,
रंगीन ख्वाहिशें,
आँखों में बसे सपनें,
कुछ दिल के क़रीब पराये,
कुछ मन में बस अपने,
धूप की किरण,
बरसात की बूँदें,
आँगन में फूलों की ख़ुशबू,
आँखों की चमक,
चाँद की झलक,
आसमाँ को छूने की ललक,
ज़िंदगी के रंग,
ख़ुशियों की चादर,
पर हर किसी का हक़ क्यों नहीं है?

क्यों कोई तड़पता है,
क्यों कोई बिलखता है,
किसी के पास सुकून नहीं है,
किसी के पास चैन,
तो किसी के पास वक़्त नहीं है,
कोई ज़िंदगी करे बुरे कर्मों में बरबाद,
तो कोई वेंटीलेटर पर करता साँसों की अरदास,
किसी के पास सब कुछ है,
तो किसी के पास कुछ नहीं है,

क्यों ख़ुशियों पे हर किसी का हक़ नहीं है?
क्यों ये दुनिया मेरी कल्पना जैसी नहीं है,
मेरे सपनों जैसी नहीं है?

82. मुझे अकेले ही जाना है

जो कुछ मेरे पास है,

उसका गुरूर नहीं,

जो कुछ मेरे पास नहीं,

उसका दुःख नहीं,

सच से वाक़िफ़ हूँ मैं,

मिट्टी से जन्म लेकर,

मिट्टी में जाना है,

क्यों मोह माया में ख़ुद फँसना,

और दुनिया को फँसाना है,

क्यों गढ़ने लालची क़िस्से,

जब ज़िन्दगी एक छोटा सा फ़साना है,

जब तक तू कामयाब है,

पैसा है,

तेरे साथ ज़माना है,

जब तूँ थक गया,

हार गया,

तुझे ही ख़ुद को उठाना है,

बनावटी खिलौनों की बातों में ना आ,

इस दुनिया से तुझे अकेले ही जाना है,

पल भर की चमक,

पल भर का ठिकाना है,

सच से वाक़िफ़ हूँ मैं,

मिट्टी से जन्म लेकर,

मिट्टी में जाना है,

मुझे अकेले ही जाना है।।

83. मुझे सब याद है, पापा

याद हैं वो पल,
जब मेरी ख़्वाहिशों के लिए,
मेरी ज़रूरतों के लिए,
मेरे स्कूल की फ़ीस,
और किताबों के लिए,
अपने सब ख़्वाब ख़रच कर दिए।

जब अपने हिस्से की रोटी,
अपने हिस्से की ख़ुशी,
ख़ुद की तरक़्क़ी के लम्हें,
ख़ुद के शौंक,
आपने सब मेरे नाम कर दिए।

मैं पाग़ल, अनजान,

वक़्त के साथ सब भूलती गई,

वो रोज़ मेरे लिये एक नया पड़ाव पार करते रहे,

भूल गई, कैसे वो धूप में मुझे अख़बार से हवा झुलाना,

भूल गई, सावन में बारिश ना हो तो बाल्टी से बरसात बरसाना,

भूल गई, उनका ख़ुद के हिस्से का ख़ाना मुझे खिलाना,

भूल गई, मेरे नये और उनके कपड़े पुराने,

भूल गई, उनका मुझे सजाना और घर ज़ल्दी आना,

भूल गई, मेरी एक उम्मीद पूरी करने के लिए समाज से लड़ जाना,

भूल गई, कोई लड़का ग़लत आँख उठाए मेरी तरफ़ और आपका
हथियार उठाना,

भूल गई, आपका मेरे आँसू पोंछना और मुझे चलना सिखाना,

भूल गई, आगे बढ़ते बढ़ते, आपका मेरी तरफ़ हर क़दम बढ़ाना।

एक दिन सब थम गया,

मानो, दिल बर्फ़ की तरह जम गया,

वक़्त ने ठोकर मारी,

ज़िंदगी ने वार किए,

बहुत दिन हो गये थे शायद घर आग़ाज़ किए,

सीधा अस्पताल में मिले,

किसे पता था,

कुछ दिन का जीवन बन गया ख़ाक सा,

जब घर आये तो हाथ में था कुछ राख़ सा,

आज़ तक नहीं कोई चेहरा देखा,

जो लगे बाप सा,

जब घर आये तो हाथ में था कुछ राख़ सा।।

84. मेरी धड़कन - पापा

मैंने अपनी ज़िंदगी में सबसे अनमोल कुछ खो दिया,

वो मुस्कुराहट,

वो भरोसा,

वो क़ोशिश,

वो प्यार,

वो सबसे सच्चा यार,

वो मासूमियत,

वो भोलापन,

वो हँसी,

वो नख़रे,

जो एक ही इन्सान उठाता था,

बार-बार एक ही सवाल पूछता था,

"तूँ ठीक है ना, सब ठीक है ना बेटा,

तुझे जो भी चाहिए बिना पलक झपके बताना,

मैं तेरे हाथ में रख दूँगा ज़माना"।।

85. शायद, तुम जा रहे हो

शायद, तुम जा रहे हो,
हर बार जब तुम बहुत लड़ते,
और बिना बात सुलझाये सो जाते,
जब वादे पूरे करने की जगह,
ना पूरा करने की मामूली सी वजह बताते।

शायद, तुम जा रहे हो,
जब मेरे फ़ोन के जवाब घंटों बाद आते,
मेरा मैसेज देखे बिना सो जाते,
दोस्तों के साथ पार्टी करने के लिए,
मुझे ठुकराते।

शायद, तुम जा रहे हो,
व्यस्त हूँ कह कर,
मेरा फ़ोन रख देते,
थक गया, सो रहा हूँ कह कर,
मेरे शब्दों को मौन कर देते।

शायद, तुम जा रहे हो,
मुझसे पहले है संसार तुम्हारा,
मुझे बस अपनी ज़िम्मेवारी बताते,
10 मिनट में आ रहा हूँ,
कह कर घंटों बाद आते।

शायद, तुम जा रहे हो बहुत दूर,
या यूँ कहूँ जा चुके हो,
ठीक है, तुम्हारी ख़ुशी में ख़ुश हूँ, चले जाना,
पर वापिस ना आना,
ना पहले सा प्यार होगा,
ना दर्द और ना ही हमारा अफ़साना,
ठीक है, जा रहे हो तो चले जाना,
पर अब वापिस ना आना।।

86. टूटते तारे

क्यों इन्सान से उम्मीद करते हो?

ये तो वो है,
जो टूटते तारों के दुःख में भी,
अपना सुख माँग लेता है।

वो है जो कब्र की अग्नि पे भी,
भोजन पका लेता है।

वो है जो अपने मतलब के लिए,
धर्म के नाम पर अधर्म फ़ैला देता है।

वो है जो ख़ुद को सही साबित करने के लिए,
धरती क्या आसमाँ भी हिला देता है।

वो है जो अपने झूठ को सिद्ध करने के लिए,
सच की लपटें जला देता है।

नफ़रत नहीं है मुझे इन्सान से,
बुरा लगता है कुछ लोगों की फ़ितरत का,
कितना भी अच्छा कर लो उनका,
बदलती ही नहीं है।।

87. इश्क़ का अंजाम

कुछ दिन के लिए भाग जाऊँ क्या,
पर जाऊँ कहाँ,
कुछ समझ नहीं आता,
क्या हो रहा है,
क्यों हो रहा है,
ग़लत है या
सही है,
तुम हो या मैं हूँ,
या फिर हम है,
दिमाग़ कैसे उलझा रहता है,
कितना सोचता है,
कितने सवाल हैं,
कोई जवाब नहीं,
ये "इश्क़" कैसी हालत कर देता है,
ज़िंदा भी रखता है और मार भी देता है,
समाज से जोड़े रखता है,
पर अंदर से तोड़ भी देता है,
कैसा अंजाम ला देता है,
इतना हौंसला तोड़ देता है कि
इन्सान ख़ुद ही ख़ुद को छोड़ देता है।।

88. तुम में अभी समझ नहीं है

कपड़े पूरे पहनो,
सिर ढक कर चलो,
नज़रें झुका कर चलो,
सिर्फ़ घर का काम देखो,
बच्चे पैदा करो और पालो,
तुम बीच में मत बोलो,
चुप-चाप चलो,
तुम में अभी समझ नहीं है,

कोई तुम्हारे साथ ग़लत कर दे,
तुम्हारे विचारों से ले कर,
ज़िस्म का शोषण कर दे,
तुम चिल्लाओ मत,
इन्साफ़ के लिए झल्लाओ मत,
माँ-बाप की इज़्ज़त सरेआम गिराओ मत,
तुम चुप रहो,
तुम में अभी समझ नहीं है।

तुम्हारे शोषण की बात आम है,
देश की सरकार का गिर गया ईमान है,
मोमबती जलाना ही जनता का काम है,
कदम दर कदम बलात्कार हो रहे हैं,
न्याय के देवता आँख मूँदे सो रहे हैं,
तुम्हारी आवाज़ से उठ जाएँगे वो,
तुम चुप रहो,
तुम में अभी समझ नहीं है।

उठाओ अपनी आवाज़,
ऐसा हो आग़ाज़,
काँप उठे ये धरती और आकाश,
बहुत हुआ ग़लत,
अब माँगो इंसाफ़,
जो छूए तुम्हारी इज़्ज़त
या तुम्हारा स्वाभिमान,
इंसाफ़ का इंतज़ार नहीं,
बनो तुम काली,
और ख़ुद ही कर दो राख़,
बहुत हुआ अपमान,
अब तुम्हारी बारी है।

बहुत बेच लिया ईमान,
तुम ख़ुद सम्भालो अपना,
भविष्य और वर्तमान,
अब तुम्हारी बारी है।।

89. शायद हक़ीक़त से जुदा हूँ

ख़्वाबों की दुनिया में भटकती हूँ,
अपनी ख़्वाहिशों से प्यार करती हूँ,
चाँद तारों का सफ़र करती हूँ,
शायद हक़ीक़त से जुदा हूँ।

जग की भीड़ में अकेली हूँ,
फिर भी जुगनू साथ लिए फिरती हूँ,
पंछियों की तरह उड़ती हूँ,
शायद हक़ीक़त से जुदा हूँ।

ख़्वाहिशों के आँगन में भ्रमण करती हूँ,
बिज़ली की तरह चमकती हूँ,
बादलों के संग बरसती हूँ,
शायद हक़ीक़त से जुदा हूँ।

सोने चाँदी से परे हूँ,
प्रकृति की झंकार से खनकती हूँ,
फूलों की तरह महकती हूँ,
शायद हक़ीक़त से जुदा हूँ।।

90. मन की दीवार

मन की दीवार पर एक चित्र बनाना है मुझे,

पक्के रंगों से,

जो कभी धुल ना पाए,

फ़ीका ना पड़ जाए,

और मिट ना पाए,

एक ऐसा चित्र,

जिसमें सिर्फ़ प्यार हो,

ना जात-पात,

ना भेद-भाव,

ना छोटा-बड़ा,

ना अमीर-ग़रीब,

सब बराबर हों,

सब इन्सान हों,

और एक दूसरे से प्यार करते हों,

प्यार बाँटते हों,

प्यार से जीते हों और

प्यार कमाते हों।।

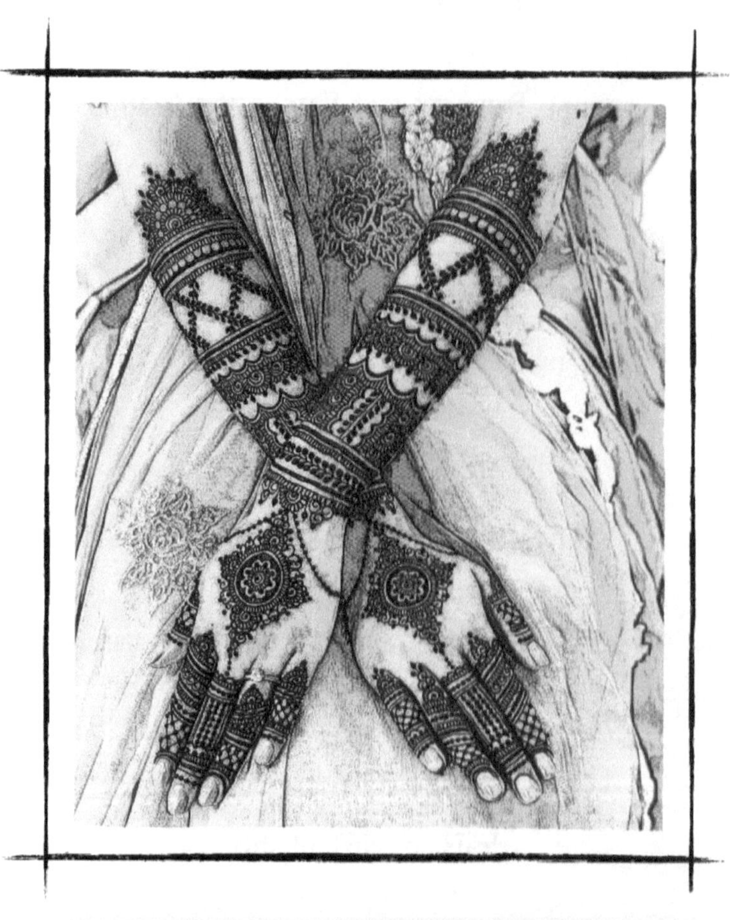

91. अगर हम फ़िर ना मिले

एक प्यारा सा सपना,
जो हमने मिल कर देखा था,
मेरे हाथों में तुम्हारे नाम की मेहंदी,
और तुम्हारे सिर पर मेरी ख़ुशियों का सेहरा,
एक छोटा सा घर,
जिसमें तुम, मैं और
एक टीवी होगा,
हमने सोचा था जब बहुत लड़ाई होगी,
ग़लती तुम्हारी हुई तो मेरी पसन्द का कार्यक्रम,
और अगर ग़लती मेरी हुई तो तुम्हारी पसन्द का,
पहाड़ों पर एक छोटा सा घर,
जिसमें सादा सा जीवन होगा सुनहरा,
आधा-आधा काम बाँटने के बाद,
रोज़ घूमने जाएँगे,
एक दिन तुम्हारी पसंद की जगह और एक दिन मेरी,
तय था हम ये नहीं कहेंगे कभी के "अपना ध्यान रखना"
तय था हर बार कहेंगे,
तुम मेरा ध्यान रखना और मैं तुम्हारा,
हर झगड़ा, वक़्त का दिया हुआ रगड़ा,
हम सब साथ में सहेंगे,
अपनी ख़्वाहिशों का संसार सहेजेंगे,
अहम को घर पर नहीं आने देंगे,
और नफ़रत को दूर से ही भेजेंगे,
शायद हर सच्चे प्यार की परीक्षा होती है,
अब वक़्त को रास नहीं,
आज जब हम साथ नहीं,
पर बदले हमारे जज़्बात नहीं,
तो इस ख़्याल से दिल सहम जाता है,
अगर हम कभी नहीं मिले तो?
अगर हम कभी नहीं दिखे तो?

92. आज़ की हक़ीक़त

दिल करता है लिख दूँ पूरी हक़ीक़त,
इस ज़माने में रखी हुई अक़ीदत,
बता दूँ
आज़ का इन्सान अपने शोर में ख़ामोश है,
अपने ख़्वाबों में बेख़्वाब है,
अपनी दुआओं में निराश है,
सूरत को सीरत समझ रहा है,
प्रेम रस को नीरस समझ रहा है,
सोशल मीडिया को जीवन समझ रहा है,
चरित्र को अहंकार से ढक रहा है,
वक़्त को ज़ार-ज़ार कर रहा है,
रिश्तों को पैसों के आधार पर ताइ-ताइ कर रहा है,
आज़ का इंसान अपने आप से अनजान है,
हर और चीज़ें ही चीज़ें हैं,
पर ख़ुद बेज़ान है।।

93. दिल की धड़कनें

जब-जब निकलती हूँ उन गलियों से,
दिल की धड़कनें ज़ल्दी से जा कर उस घर का फेरा कर आती हैं,
जहाँ कभी हमारा साथ बसता था,
हमारा एहसास बसता था,
वो एक दूसरे की पसंद का खाना बनाना,
ख़ुद से पहले मुझे खिलाना,
एक दिन घर के काम मेरी ज़िम्मेवारी,
तो एक दिन तुम्हारा फ़साना था,
वो तुम्हारा ख़ुद से पहले मेरी ख़्वाहिशों को देखना,
बार बार अलार्म का बजना, रोज़ सुबह उठाना,
वो माथे को माथे से लगाना,
मेरी भाग दौड़ का हिस्सा बनना,
अगले जन्मों के सपनें सजाना,
आँखों में आँसू आने से पहले हँसाना,
मेरी "रूह" मेरी ज़ान है, ये रोज़ एहसास दिलाना।

फ़िर एक दम से गाड़ी का हॉर्न बजता है,
पर आज़ की हक़ीक़त कुछ और थी,
गाड़ी में मेरी जगह किसी और की थी,
दिल में मेरी जगह कोई और थी,
धड़कनों ने फिर हाथ पकड़ा,
घर का फेरा कर सच का साथ पकड़ा,
आँखें भर उन गलियों से क़दम बढ़ गए,
वो शायद आग़े बढ़ गया,
और हम शायद चलते-चलते भी थम गए।।

94. तुम्हारी कुछ आदतें बाक़ी हैं मुझमें

ज़ैसे ख़ाना खाते-खाते गिर जाना,
मैं जान के गिरा देती हूँ।

जैसे आधी रात उठ के पढ़ना,
मैं तुम्हारी तस्वीरें पढ़ने लगती हूँ।

ज़ैसे घूमने जाने से पहले सब तैयारी करना,
मैं अब अल्फ़ाज़ तैयार कर लेती हूँ।

जैसे पराँठे पर मक्खन और आचार लगाना,
मैं भी अब वैसे ही खा लेती हूँ।

जैसे मन्दिर जाना और अरदास करना,
मैं भी अब कभी भगवान घर पर बुला लेती हूँ।

जैसे तुम्हारा मेरी तारीफ़ों के पुल बाँधना,
मैं भी अब आईने में ख़ुद को देख कर मुस्कुरा लेती हूँ।

जैसे मुझे गले लगा के सोना,
मैं अब तकिया गले लगा लेती हूँ।

तुम्हारी कुछ आदतें बाक़ी हैं मुझमें,
मेरी धड़कन हो तुम,
और रूह बाक़ी है तुम में,
मेरी साँस आधी है तुम में।।

95. कुछ सपनों से मिल आते हैं

चलो ख़्वाबों की दुनिया में खो जाते हैं,
हक़ीक़त से दूर हो जाते हैं,
ख़्वाहिशों की दुनिया में,
सपनों के गाँव में,
सच से परे,
अपने ज़हन में,
ख़ुद से ही मिल आते हैं,
कुछ उम्मीदों की चादर ओढ़ाते हैं,
चलो, आज़ अपने शहर हो आते हैं,
कुछ सपनों से मिल आते हैं।।

96. सोशल मीडिया

आज कल कैसे तकरार होते हैं,
सोशल मीडिया पर जो इज़हार होते हैं,
हम हैं कुछ और,
दिखाते हैं कुछ और,
असल में जानते हैं दो लोग,
सोशल मीडिया पर हज़ारों यार होते हैं।

आज कल कैसे इक़रार होते हैं,
सोशल मीडिया पर जो प्यार होते हैं,
हम ख़ुद को खो रहे हैं,
दूसरों से की गई तुलना की आड़ में,
फ़ॉलोअर्स के मोल भाव,
और रिश्ते उधार होते हैं,
सोशल मीडिया पर हज़ारों यार होते हैं।

हर सिक्के के दो पहलू होते हैं,
एक अच्छा, एक बुरा,
ख़बर और ख़ुद्दार तक ठीक है,
माना व्यापार तक भी ज़ायज़ है,
ख़ैर ज्ञान के प्रचार तक भी ठीक है,
फ़ादर्स डे, मदर्स डे, वैलेण्टाइन्स डे,
ब्रदर्स डे को ले कर चर्चे आम होते हैं,
भला रिश्तों के भी इश्तेहार होते हैं,
सोशल मीडिया पर हज़ारों यार होते हैं।।

97. इश्क़ बरसात से, बरसात में

ये बारिशें मेरे दिल को छू जाती हैं,
रूह को सुकून पहुँचाती हैं,
जैसा भी मिज़ाज हो,
जैसा भी ख़्याल हो,
वैसे बन कर बरस जाती हैं,
ये मेरी रूह को सुकून पहुँचाती हैं।

कभी दिल भीगता है इश्क़ की बारिश में,
कभी कराहता है विरह में,
कभी सो जाता है आराम से,
कभी भटकता हैं इश्क़ पर लगे विराम से,
बारिशें हर बार मुझे समझ जाती हैं,
ये मेरी रूह को सुकून पहुँचाती हैं।

कभी मेरी ख़ुशियों के मोती बन बरसती है,
कभी मेरे अश्रु छुपा के तड़पती है,
कभी मुझ पर प्यार बरसा मचलती है,
माँ जैसा लाड़ लड़ाती है,
कभी क़ोमल तो कभी बाढ़ बन जाती है,
ये मेरी रूह को सुकून पहुँचाती है।।

"रूह-ए-ख़्वाहिशें"

जाते जाते ये तो बता दो, पढ़ कर कैसा लगा?
महसूस हुआ कुछ, या दर्द सा लगा?
एहसास हुआ कुछ, या मरहम सा लगा?
फ़रक पड़ा कुछ, या बे-असर सा लगा?
ख़ुशी हुई कुछ, या तकलीफ़ सा लगा?
मन भारी हुआ कुछ, या हल्का सा लगा?

आप सब के विचार जानना चाहती हूँ, आप अपनी बात रख सकते हैं, आप अपने एहसास साँझा कर सकते हैं और एक नए रिश्ते का माँझा पकड़ सकते हैं।

Instagram - @thisisruchikamehta
Twitter - @theruchikamehta
Snapchat - @theruchika317
Facebook - @theruchikamehta
Email - thisisruchikamehta@gmail.com

जल्दी मिलेंगे,
आपकी "रूह"

The Unkissed Lies

Dear readers,

Hoping to find you happy and healthy. :)

For those who have journeyed with me through the pages of my previous works, thank you for your unwavering support and companionship. Your presence on this literary voyage has been a source of inspiration and a reminder of the enduring power of storytelling.

To those who are embarking on this journey for the first time, I extend a warm and heartfelt welcome. With each new book, I endeavor to create a world that is both familiar and uncharted, a place where the past meets the present, and where stories take on a life of their own.

As I sit down to pen words for "Rooh-e-Kwahishein", I'd want you to know about my previous book which is "The Unkissed Lies- A Memoir".

"The Unkissed Lies" is a silent version of unconditional love for a father in a family. This book is based on a true incident.

We all know that in the embrace of a father's loving care, a daughter finds a love beyond compare. When a father helps his kids touch the sky and pluck the stars, why can't kids do the same? Why can't kids try to reflect the love they receive from their parents?

I am acutely aware of the profound privilege it is to share my thoughts, stories and musings with the only hope of keeping my father alive till the existence of this planet.

Writing is a solitary endeavor, yet it is imbued with the hope that these written words will find their way into your hearts and minds, sparking connections, emotions, and perhaps even a touch of inspiration.

Once again, Thank you all for embarking on this literary journey with me. Your presence as a reader is the catalyst that brings these words to life, and for that, I am profoundly grateful.

With gratitude and love, forever,

Ruchika Mehta d/o Dr. Virender & Indu Mehta